実戦 Bottom-Up Marketing

ボトムアップ・マーケティング戦略

アル・ライズ／ジャック・トラウト
AL RIES & JACK TROUT

丸山謙治［訳］
KENJI MARUYAMA

日本能率協会マネジメントセンター

日本の読者の皆さんへ

ようこそ「ボトムアップ・マーケティング」の世界へ。

本書で述べるボトムアップ・マーケティングの真髄とは、一言でいえばやる気である。自ら進んで現場に出向き、全力で戦略を考え出そうとする熱意なのである。間違わないでほしい。オフィスの椅子に腰かけ、部下に意見を求めることでは決してない。皆さんが直接現場に出向き、市場のどろどろとした泥濘《ぬかるみ》の中に自分自身をどっぷりと浸すことなのである。

本田宗一郎、松下幸之助、盛田昭夫、樋口廣太郎などのような、日本の著名なビジネスリーダーの多くは皆、現場の近くに身を置き、本田技研工業、パナソニック、ソニー、アサヒビールを世界的な企業へと発展させた。ところが今日、マーケティングがあまりにも学術的そして分析的になってしまった。そして、市場で実際に何が起こっているのかを知るために直接現場に足を運ぶのではなく、会議や報告書がそれに取って代わってしまっている。

中国がブランディングの世界に移行する中で、中国人が「ポジショニング」の原理を学ぶ学校を設立したことは、別段驚くことではない。そこでは、本書で述べる考え方の多くを、起業家のためのコースに導入している。

さあ、皆さんも学術的な分析手法や報告書はひとまず置き、デスクから離れ、自ら現場に出向き、「顧客に優位性と知覚される視点」を見つけ出しなさい。ただし、そうする前に本書を最後までしっかりと読むこと。このことを忘れずに。

ジャック・トラウト

二〇一一年秋

はじめに

我々が書いた最初の二冊は、それぞれコミュニケーションの原理とマーケティングの原理についての「テキスト」であった。

最初に出版した『ポジショニング』は、コミュニケーションのテキストである。企業は、人間の心の中で、あるポジションを占めようとする。そのポジションが空いていれば簡単だが、競合がすでに手に入れてしまっていると難しい。ポジショニング理論では、心の中に入っていくために、「競合のポジションを変えてしまう」ことを提唱している。

二冊目の『マーケティング戦争』は、マーケティングについてのテキストである。従来とは異なり、マーケティングは顧客に仕える一方的なプロセスではない、という新たな考えを打ち出した。

今日のマーケティングの本質は、競合の裏をかき、側面から攻撃し、打ち破ること。すなわち、マーケティングとは戦争であり、戦う敵は競合、勝ちにいく戦場が顧客である。

実際の戦争と同じように、マーケティング戦争の戦い方も一つではない。防御戦、攻撃戦、側面戦、そしてゲリラ戦と、四つのタイプがある。どの戦い方を選ぶかが、最初に決める最重要事項となる。

三冊目の本

本書『実戦ボトムアップ・マーケティング戦略』は最初の二冊とは異なり、テキストではない。第一線で活躍したいビジネスパーソンを対象にした現場で使うための実践書と言える。

この競争環境では、企業内の販売及びマーケティング部門出身者が出世街道を昇りつめて最高経営責任者（CEO）になるケースが最も多いようだ。

「競争の時代」に生きている今、ビジネスの最前線は戦争の観を呈している。

環境のこの変化によって、マーケティングに対する伝統的な「トップダウン」型の手法は時代遅れとなった。競合の動きを予測できない時に、長期の戦略計画に何の利点があるだろうか。長期計画の下で経営資源が固定されてしまえば、競合に対してどのように反撃することができるのだろうか。

戦略と戦術

本書は、『ポジショニング』あるいは『マーケティング戦争』の原理と別物ではない。むしろ、皆さんにとって予想外の方法でこれらの二つのコンセプトを融合している。

『ポジショニング』で記したように、コミュニケーションとは、ビジネスの戦術の部分である。代表的なものとして、広告、広報、セールスプレゼンテーションなどがあげられる。

一方、マーケティングとは、『マーケティング戦争』で述べたように、ビジネスの戦略の部分である。企業の戦略は、戦略計画立案プロセスを経て、最終的にその詳細が文書に記されるのが典型的だ。

今日、戦略計画の立案は多く行なわれ、経営陣はそのコンセプトには目がない。フォーチュン500の中で、長期戦略計画担当の責任者がいない企業などありえない。しかし、我々二人は長期戦略計画、企業理念、ゴール、事業計画、年間予算には反対する。

戦略と戦術との非常に重要な関係を理解できていないマネジャーが今日ほとんどだと思う。そのことが、戦略計画立案プロセスに迷わされ続けている理由なのだ。

伝統的な理論では、最初に最高幹部がマーケティング活動の戦略を立てる。それから、ミドルマネジャーに引き渡され、その戦略の実行に使われる戦術を選ぶ。筆者としてこのやり方には同意できない。本書で述べるコンセプトはまさにこの逆なのである。

アル・ライズ
ジャック・トラウト

実戦ボトムアップ・マーケティング戦略◎目次

CONTENTS

第2章 現場に出向く……38

第3章 時流を観察する……68

第4章　焦点を絞る……88

（注）本書内の「日本における事例」一五ケースは、著者の了解を得て、訳者が執筆したものです。

実戦ボトムアップ・マーケティング戦略

第1章 戦術が戦略を決定する

米国の大手企業数社に対して戦略立案の支援を何年も行なってきたことにより、ある革命的とも言うべき結論に達した。それは、戦略はボトムアップ型で立てるべきであり、トップダウン型ではないということだ。言い換えると、ビジネスで実際に行なわれている戦術を熟知し、それに深く関与することを通して、戦略を立案すべきである、となる。

つまり、コミュニケーションの戦術がマーケティングの戦略を決定すべきだということである。

大部分のマーケティング担当者は逆を信じている。その組織の壮大な戦略が最初に立てられ、次に戦術がそれに従う。これが一般的に受け入れられている教えだからだ。

当たり前のことに異議を唱える

科学、医学、そしてビジネスの分野における目覚ましい発展の中には、明白な事実に挑むことによってなされたものもある。ドイツの数学者リーマンは、ユークリッドの第五公準（ある直線に対して、ある一点を通る平行線は一本より多くはありえない）をひっくり返した。物理学者はリーマン幾何学がもたらした多くの結論を未だに探求している。

科学であれビジネスであれ、発展の機会がないような明らかな事実などはないように思われる。

「戦略が戦術を決定する」という考えはビジネスの自明の理であり、おそらく人間の頭の中に非常に深くしみ込んでしまっているため、意識すらしなくなっている。ちょうど、「アメリカを発見したのは誰？」と訊かれ、「インディアンじゃないことだけは知ってるよ」と米国の小学一年生が答えるように、当たり前の前提となっているのだ。

戦略が戦術より上位にあるという観念は、具体的にどれほど根づいてしまっているのだろうか。

まず、誰も「戦術と戦略」とは言わない。常に逆だ。さらに、非常に論理的でもある。最初に何をしたいか（戦略）を決める、その次に、どのようにするか（戦術）を決める。

「我々の計画は目標が定かでないから失敗するのだ。どの港へ向かうかを知らぬ者にとっては、いかなる風も順風たりえない」とは古代ローマの哲人セネカの言葉である。

誰かこれについて言い争うことができるだろうか。

クリストファー・コロンブスなら、これができる。コロンブスはインドへの近道を発見したかった（戦略）ので、東ではなく西に向かって航海した（戦術）。その結果、探し求めていたインド大陸はついに発見できず、失敗者と自分を卑下する中で最期を迎えた。

もし彼が、戦術が戦略を決めることを容認していたら、アメリカ発見という、インドへの近道を発見することよりも遥かに大きな偉業を成し遂げたことを理解したかもしれない。

そもそもコロンブスは船乗りだった。しかも、優秀な船乗りだった。他の誰もが東に向かって航海していたからこそ、逆に西に向かって航海するという戦術を選ぶべきだった（マーケティングであれば、このようなアプローチを「側面攻撃」と呼ぶ）。

西に向かって航海したことにより、発見されたものは何であっても最初の発見者はコロンブスになったのだ。

トップダウン型思考の罪

マネジャーは、「何をしたいか」ということに取りつかれている。五年後、あるいは一〇年後に、どのような会社にしたいのかを綿密に描く以外に、長期計画とは何だろうか。

戦略に、あるいは何年後かにどうなっていたいのかに主眼点を置くと、ビジネス上重大な二つの罪を犯すことになる。一つは、失敗を受け入れることを拒絶してしまうこと、そしてもう一つは成功を利用することを渋ってしまうことだ。このような罪は両方ともトップダウン型思考からくる。コロンブスはインドへの航路を発見しなかった事実を受け入れることを拒み、そして、彼が成しえた大発見を利用しなかった。

最初に戦略を決める企業は往々にして失敗を受け入れることを拒む。プロジェクトを成功に導くために必要なのは、戦術上のちょっとした調整だけだと考えるからだ。

一九五〇年代に、ゼネラルエレクトリック社（GE）は、大型汎用コンピュータ事業に進出する戦略的決定をした。一四年間の努力と四億ドルもの膨大な損失の後、ついに失敗を認めることになる。戦術において微調整しかしなかったことが、経営資源の莫大な浪費となってしまったのである。

戦略から始まったGEのプロセスが逆であった場合を想像してほしい。東に航海する、つまり、IBM、ユニヴァック、バロース、NCR、RCA、コントロール・データ、ハネウエルをはじめとする大型汎用コンピュータメーカーと同じ方向に進む代わりに、唯一西に向かって進んでいたらどうなっていただろう。

GEには二つの選択肢があった。最高仕様のスーパーコンピュータ市場に参入するか、低価格仕様のパーソナルコンピュータ市場に参入する。いずれもできたであろう。

しかし、当時は、スーパーコンピュータもパーソナルコンピュータもまだ市場が存在しなかった。そのとおり。市場がなかったということは、どちらの戦術をとったとしてもGEは新しいタイプのコンピュータで顧客の心の中に最初に入っていくことができたのだ。

どちらの選択が利益をもたらしたかは別問題である。それは将来何が待ち構えていたかによって決まる（実際に起こったように、両方とも莫大な利益をもたらした。少なくとも二社に。最高仕様のクレイと、低価格仕様のアップルだ）。

コロンブスが航海の終わりに何かを発見するという保証などなかったものの、何かが見つかった場合の第一発見者になる保証はあった。彼こそが最初に西に向けて航海していたからだ。同じ原理がマーケティングにも当てはまる。唯一の確実な戦術とは、最初に顧客の心の中に入っていく方法を見つけ出すことだ。最初であるため、その製品あるいはサービスには市場などない。市場を自ら創造していかなければならない。

失敗を受け入れることを拒むことと、成功を利用することに気が進まないこととは、しばしば同時に起きる。GEが大型汎用コンピュータ事業で成し遂げた唯一の進展は、「タイムシェアリング」というコンセプトを確立したことである。GEは、最初にそのアイデアを紹介したことで、この偉業を成し遂げたのである。

これが成功したことにより、コンピュータ事業の経営資源すべてをタイムシェアリング製品群に投入することを推し進めるべきだった。しかし、そのコンセプトは、フルラインのコンピュータ市場への参入により、第二のＩＢＭになるというGEの戦略とは相入れなかった。

ビジネスにおいては、見ようとするものが見える。それこそ、トップダウン型思考が非常に危険な理由だ。戦略が成功することに関係がない要因はすべて見落としがちになってしまうからだ。

思考プロセスを逆にする

プロセスを逆にしてみると重要な発見ができることがある。

ヴィックス社の研究員は新しい液体風邪薬を思いついた。その薬は、喉の痛みや涙目を解消するものの、眠くなってしまうという副作用もあった。これは、仕事に行く時や車を運転する時は問題となる。

開発を完全に中止する代わりに、すばらしいアイデアを思いついた社員がヴィックスにいた。眠気を誘ってしまうのであれば、逆手にとって夜に飲む風邪薬としてポジショニングすることだ。言い換えると、「世界初！　夜飲む風邪薬」というのが宣伝上の有効な戦術であり、初めてであるという実証済みの原理に基づいている。

ヴィックスは実際にそうした。「ナイクイル」と名付けられたその薬は、ヴィックスの歴史上最も成功した新製品にまでなった。そして、現在も最も売れている風邪薬なのだ。

戦術（世界発の夜飲む風邪薬）が戦略（「ナイクイル」とネーミングされた大型の新感冒薬を発売する）を決定したのである。

戦術とは何か

戦術とはアイデアである。戦術を探すのは、アイデアを探すのと同じだ。

ただ、アイデアの概念は漠然としている。どのような種類のアイデアなのか。どこで見出すことができるのか。まずこれらの最初の質問に答えなければならない。

これらの質問に答えられるように、我々は次のような具体的な定義を使うことを提案する。

戦術とは、顧客の心の中で競合に対して優位性と知覚される斬新な切り口である。

まず、**戦術には競争優位性のある斬新な切り口が不可欠**であり、それが成功の機会をつかむことになる。このことは、必ずしも良い製品やサービスを意味するものではなく、むしろ必要なのは差別化の要因である。より小さい、より大きい、より軽い、より重い、より安い、より高価である、などは差別化の要因となりえるだろう。異なる流通システムもしかりである。

さらには、**その戦術はマーケティング活動が実践される全領域において競争優位性とならなければならない。**一つや二つの他の製品やサービスと比較するだけではだめだ。

例えば、一九五〇年代の後半にフォルクスワーゲン社が下した、「初の」小型車を世に送り出すという決断は競争上優れた戦術であった。その頃の自動車業界の雄ゼネラルモーターズといえば、大型で、見栄え重視の巡視艇のような車ばかりを作っていたため、ビートルは苦労なく成功した。

フォルクスワーゲン・ビートルは、世界初の小型車だったわけではない。しかし、顧客の心の中で「小型」というポジションを占めた最初の車だった。車内の広さに話が及ぶと、他社が小型であることを詫びたのに対して、フォルクスワーゲンは小型というサイズを美徳とした。「小さいことが理想（Think small）」これがビートルの広告コピーだ。

まずい戦術をあげよう。一九六〇年代にシーグラム社は、ジムビームやオールドグランダッドなどのストレートバーボンウイスキーに対抗して新しいバーボンを市場に送り出したが、シーグラム社のそのバーボンは競合に対して何ら優位な切り口がなかったため、ヒット商品に繋がることもなかった。

次に、**戦術には斬新で競争力のある切り口が必要だが、それが顧客の心の中で知覚されなければならない。**言い換えれば、マーケティングの戦いは見込み客の心の中で繰り広げられているということだ。

心の中に存在していない競合は無視してもかまわない。トム・モナハンがドミノ・ピザを始めた時に、宅配するピザ店は数多くあった。しかし、顧客の心の中に宅配というポジションを占めたピザ店は一店もなかった。

一方、心の中に明確に知覚されていても、それが目に見える現実とは異なる競合も存在する。戦術を選ぶ上で考えなければならないのは、心の中での知覚であり、現実ではない。

顧客の心の中で知覚され、競合に対して優位性のある斬新な切り口とは、マーケティング実施計画を効果的に機能させる心の中の視点である。それはまさに、結果を得るために最大限に使わなければならない視点だ。

しかし、戦術だけでは十分ではない。そのプロセスを完成させるためには、その戦術を戦略に転換する必要がある（戦術が釘であるとすれば、戦略は金槌といったところだ）。顧客の心の中にしっかりとしたポジションを築くには両方必要である。

戦略とは何か

戦略とはゴールではない。人生と同じように、**戦略はゴールではなくその過程が重要視されるべきだ。**トップダウン型思考の人は目標達成主義者であり、まずはじめに成し遂げたいことは何かを決め、それからその目標を達成するための方法や手段を考え出そうとする。

しかし、簡単には達成できないゴールがほとんどで、ゴールを設定することが、挫折の連続になりがちだ。マーケティングは政治に似て、可能性を追求する技法である。

ロジャー・スミスが一九八一年にゼネラルモーターズ（GM）を引き継いた際、ビッグ3（GM、フォード、クライスラー）が伝統的に支配している国内市場で、GMがシェア七〇％を事実上占めることになるだろうと予想した。一九八〇年の約六六％からシェアアップを目指したのだ。このとてつもない重責を全うするために、GMは五〇〇億ドルの近代化計画を始めた。

現在、GMの国内市場シェアは五八％となり、以前よりも落ち込んでいる。GMの北米の自動車生産は年間数百万ドルもの赤字を出し続けている。彼が設定したゴールはどう考えても達成可能な数字ではなかった。そのゴールが適切な戦術に基づいていなかったからだ。

我々の定義では、戦略はゴールではなく、首尾一貫したマーケティングの方向性である。まず、**戦略は選ばれた戦術に焦点が合わされているという意味で首尾一貫している。**フォルクスワーゲンは、小型車で戦術上の大成功を収めたが、そのアイデアを首尾一貫した戦略に高めることに失敗した。「小型」という戦術を忘れ、代わりに、大型で速く、そして高価なフォルクスワーゲン車種を米国市場に持ち込むことを決めた。しかし、これらの戦術は他の自動車メーカーに先に使われてしまっている。皮肉にも、このことが、日本の自動車メーカーが小型車のアイデアを引き継ぐ道筋をつけてしまった。

次に、**戦略は首尾一貫したマーケティング活動を内に含んでいなければならない。**製品、価格、流通、広告など、マーケティングミックスを構成しているすべての活動が徹頭徹尾戦術に焦点を合わせていなければならない（戦術は光の波長であり、戦略はその波長に合わせて光を増幅するレーザー光線と考えるとよい。見込み客の心の中に入り込むためには両方とも必要である）。

そして最後に、**戦略は首尾一貫したマーケティングの方向性でなければならない。**戦略がいったん立案されれば、方向性は変えられるべきではない。

戦略の目的は、戦術を活かすために経営資源を集結することである。つまり、すべての資源を一つの戦略的方向に投入すると約束することによって、ゴールの存在でそれとなくかかる制限を気にせず、戦術を最大限に利用できる。

マーケティングにおいても戦争と同様に、最も安全な戦略というのは戦術を素早く利用することであり、それ以外は負け組のためにある。勝者は常にプレッシャーをかけている。

戦術 VS 戦略

戦術は単一のアイデアあるいは切り口である。戦略は多くの要素を含んでおり、それらすべては戦術に焦点が合っている。

戦術が独自性のある、あるいは他とは異なる切り口であるのに対して、戦略というのは新鮮味がないように思える。

戦術は時間とは関係なく、どちらかと言えば不変のものである。戦略はある期間をかけて展開される。セール（特売）は米国のほとんどの小売店で一度や二度は行なわれる戦術である。このセールを毎日行なうと、ディスカウントストアと呼ばれ、戦略となる。

この戦術を明確な戦略に仕立てて勢力をのばす小売店もある。シムズ社は東部及び中西部の一〇州で大成功したディスカウント衣料店で、「シムズには特売を目当てに来店されるお客様はいません。私たちの最大のお客様は、常識と教養のある生活者の皆さんです」というのがこのディスカウント衣料店のテレビCMである。

戦術とは競争優位性のことであり、戦略とはその競争優位性を維持する働きをする。

戦術とは、製品、サービス、または会社の範囲外にある。その会社が作る製品でないことさえある。これに対して、戦略とは内部的だ（戦略は組織内部で非常に大掛かりな再編成を必要とすることがよくある）。

戦術はコミュニケーション志向であり、戦略は製品、サービス、あるいは会社志向である。ボトムアップ・マーケティングの原理は単純だ。具体的なものから一般的なものへ、短期的なものから長期的なものへと進んでいくことである。

ボトムアップ・マーケティングにおいて「一つ」であることの意義にも注目してほしい。機能する戦術を一つ見つけ出し、そしてその戦術を戦略に組み入れることだ。一つだけであり、二つ、三つ、あるいは四つではない。

一つの戦略とさまざまな戦術

戦略と戦術という観点から考えるマネジャーがほとんどである。つまり、まず戦略を探し求め、その戦略は多くの異なった戦術によって表現できると思っている。伝統的なマーケティングにおけるこのやり方は、数々の戦術を使うことにより異なる市場にも遠回りではあるが広がっていく。

それゆえ、企業戦略はだんだんと一般的になり、おびただしい数の戦術を内に含むことになる。

ウォールストリート・ジャーナルによると、ジョン・M・スタフォードがピルズベリー社の最高経営者になった時、最初に行なった大仕事は、企業の「使命と価値観」を長ったらしく説明する文書の作成委員会を設けることだった。彼は、経営に対してこのモーゼ的アプローチをおそらく信じていたのである。最初に刻板を取りに山に登り、それから山を下りて〝十戒〟を聞かせて誓わせる。

このアプローチはスタフォードにとってうまくいかなかった。バーガーキングやピルズベリーの他のレストランのマネジャーたちは、その企業の使命を効果的に全うすることができなかったのは明らかだ。特に、「汝十分な利益幅を確保せよ」という掟を遵守することはできなかった。その結果、スタフォードは自らが作り上げた掟の一つを破ったとして解雇された。

軍事あるいはマーケティングにかかわらず、戦術に集中することを好まない司令官がほとんどである。戦術ではそのプロセスにおいておもしろみがないからだ。

多くの司令官は一般的に話すことを好む。バーガーキングの店でワッパーを食べることより、「使命と価値観」を作り上げることの方がより高い地位の仕事にはずっとふさわしい特権なのである。ビジネス上、司教的な高い地位につくと、司教のように振る舞いたくてたまらなくなるのだ。

トップの地位につくと、「自由」を好む。まず、事業の面倒な戦術的詳細のすべてから解放される自由、そして、マーケティングのおもしろいところ、つまり重要な戦略の立案にいつでも参加できる自由を求めるのだ。

戦いは戦術で勝利する

しかし、マーケティングの戦いは戦術レベルで勝敗が決まるのであり、戦略レベルではない。ベトナム戦争はベトナムで負けが決まったのであって首都ワシントンではない。マーケティング戦争においては、成功か失敗かを決定づけるものは戦術であるという考えの下で出発しなければならない。

戦術はむしろちょっとした優位性でありえる。ドミノ・ピザのトム・モナハンがとった戦術は、ピザの宅配だけに集中することであった。それ自体は別段画期的なアイデアではなかった。しかし、その戦術は独自性があり、他とは異なっていた。他のどのチェーン店も同じようなことをしていなかったからだ。

ドミノ・ピザの戦術は単一の戦術であり、複数の戦術を集めたものではないことに注目してほしい。そのアイデアは宅配に限定されて形作られた。宅配＋持ち帰り＋店内での飲食＋ハンバーガー＋ホットドック＋その他のもの、ではない。

ドミノ・ピザがこのように強力なピザチェーン店になったのは、宅配という戦術を戦略に結びつけた結果である。宅配に限定した全国規模のチェーン店を築き上げることによって、「三〇分で配達することを保証します」というコンセプトをドミノ・ピザは同業者よりも早く先取りできた。

戦略に合った戦術を探す

伝統的なトップダウン型思考者は、実際にはボトムアップで事を進められていないのに、できていると考えてしまうことがある。彼らは何時間も費やして可能な戦術をあれこれ吟味する。彼らがいつも行なっているのは、事前に決定した戦略に適する戦術を探すことだ。「宅配ピザチェーンは我々の戦略には合わない。我々の事業はレストランだ」というのがピザハットの反応だったかもしれない。

その結果、モナハンは一財産をつくり、ピザハットは機会を失った。

考え方における欠陥は明らかである。マネジャーは、そのマーケティングの領域を探って戦術を見つけ出そうとする。彼らは何をしたいのかを予め決めてしまっているので、それを行なう手段を探しているのである。論理的に聞こえるだろうか。

変化を重視する

ボトムアップ・マーケティングで重要視しているのは、組織内での変化である。製品、サービス、価格、あるいは流通において変化というものがなければ、どのような戦略も意味のない言葉の羅列となりがちだ。

伝統的なトップダウン・マーケティングにおいて重要視していることは、環境の変化である。「シェア一〇％アップのゴールを達成するために、自社品のブランド支持を高めなければならない」と伝統的な思考家は言う。

言い換えると、〝自らが変わる〟のではなく、〝市場を変えようとする〟ということだ。これこそ、まさに最悪のトップダウン型思考である。

「戦術的に実行できないような戦略計画はそれが戦略上最高であっても使い物にならない」とドイツの陸軍元帥エルヴィン・ロンメルは述べている。ロンメルが歴史上最も悪名高いトップダウン型思考家の一人の下で働いたことは不幸そのものだった。ロンメルはこのような見解をもっていたため、生命を失うことになる。マーケティングは軍事に比べれば安全な職業だ。経営戦略に逆らっても、職を失うだけで済む。

戦略の目的

マーケティングにおいて最も役に立たない行為は会議室のテーブルを囲んで戦略をあれこれ評価することだ。

優れた戦略などない。戦術的に機能する戦略か、機能しない戦略かのどちらかである。これが真実であるならば、戦略の目的とは何だろうか。

戦略の目的とは、仕掛けた戦術に競合が反撃してくるのを妨げることである。

ドミノ・ピザの一店舗のみが宅配専用であったならば、その戦術はマーケットリーダーであるピザハットに簡単に無力にされてしまっただろう。宅配の全国チェーン展開へと発展していく戦略により、ドミノ・ピザは競合の中に頑強な「くさび」を効果的に打ち込んだのである。戦術は結果をもたらす切り口であり、戦略は最大限の戦術的圧力を生み出す会社の組織である。

ナチス・ドイツのフランス侵攻において、ドイツの戦術は北へ向かうイギリス海外派遣軍と南へ向かうフランス軍の間の「継ぎ目」を利用することであり、戦略はアルデンヌ攻撃に機甲師団の大半を配備することだった。

戦術によって戦略が決定し、その後に戦略が戦術を動かすのである。戦術と戦略を比較して一方が他方より重要であるということ自体、ボトムアップ型のプロセスの本質を見失っている。マーケティングが成功するかどうかの決定的な分かれ道は、この両者の結びつきである。

航空機の設計において、エンジンと翼のどちらがより重要なのか。どちらでもない。設計上滑走路を離陸するかどうかを決めるのは両者の結びつきなのだ。

戦術とは事業に直接影響を与えるアイデアであり、戦略はその戦術に翼を与えることで、事業は空高く舞い上がることができる。

トップダウンvsボトムアップ

トップダウンから計画を立てるマネジャーは物事を強引に起こそうとする。これに対して、ボトムアップから計画するマネジャーは利用できる事物を見つけようとする。

トップダウンのマネジャーは既存の市場を追いかけるが、ボトムアップのマネジャーは新たな機会を探す。

トップダウンのマネジャーは内向き志向だが、ボトムアップのマネジャーは外向き志向である。

トップダウンのマネジャーは長期の成功と短期の損失を信条とするが、ボトムアップのマネジャーは短期・長期の両方の成功を信条とする。

日本における事例1　日清食品①

まさにボトムアップを地で行ったのが日清食品の創業者で会長であった安藤百福である。「チキンラーメン」や「カップヌードル」の開発で世界の食文化を変えたとも言われる安藤だが、その根底にはボトムアップの精神があった。

安藤は一九五八年に世界初のインスタントラーメンとなる「チキンラーメン」開発し、商品化することに成功する。「チキンラーメン」は、その利便性と美味しさが受けて大ヒット商品となる。その後、即席袋めん市場には新規参入企業も増えて拡大したが、中には低品質商品を売り出すメーカーもあり、売り上げに響きはじめた。

即席袋めん市場が成熟期に入り、むしろ縮小していく中、新しい商品が求められた。

「おいしさに国境はない」が持論の安藤が目を向けたのは国内ではなく、海外であった。かといって、新製品のアイデアがあったわけではない。海外戦略を立てるよりもまず、ラーメン国際化の可能性を自らの目で確かめ、何かヒントを得たいと、一九六六年に欧米の視察に出かける。

文化も習慣も違う国で彼が見たものは、相手バイヤーがチキンラーメンを試食する時に、紙コップの中に砕いて入れ、ポットの熱湯を注いで、フォークで食べる姿であった。この光景に安藤はすさまじい衝撃を受ける。予想もしない新たな発見である。そしてこの時に、日本と違うフォークの文化圏では、インスタントラーメンも箸ではなくフォークで、さらにどんぶりに替わる新しい包装容器が必要だと感じ、それが「容器入りインスタントラーメン」というアイデアにつながっていく。

また、帰路の機内で配られたマカデミアナッツの容器のフタが紙とアルミ箔で作られており、この密閉精度の高いフタがインスタントラーメンの容器に応用できるのではないかと閃き、開封していないナッツを一つ持ち帰っている。

欧米の視察で多くのヒントを得た安藤は、容器入りインスタントラーメンの構想を固め、開発に着手する。その後、いくつもの技術的困難を乗り越え、一九七一年に一個一〇〇円（当時の即席袋めんは一食約二五円）で「カップヌードル」を発売する。「お湯さえあれば、いつでもどこでも」をキャッチフレーズに、新しい販売ルートも少しずつ増え、初年度四〇〇万食を売り上げる。

戦術（世界初のカップ麺）が戦略（新しい食のスタイルを提案する「カップヌードル」を販売する）を決定したのである。

ライズとトラウトが本章で述べたトップダウンvsボトムアップはすべての役職に当てはまる。安藤は創業者であり、社長であったが、彼の考え方はボトムアップ型であり、だからこそ成功したのである。自らが作り上げた国内の即席袋めん市場にこだわることなく、広く外に目を向け、新たな機会を求めて欧米に視察に出かけ、利用できる事物を見つけようとする旺盛な精神。この欧米の視察で、画期的な発見をする保証などなかったはずである。しかし、箸とどんぶりで食べるという固定概念を捨て、むしろ白紙の状態で視察に臨んだことで、いろいろな発見があり、それがカップヌードルの開発に利用され、世界の「カップヌードル」誕生へとつながっていく。

利用できる事物を見つけようとする、新たな機会を探す、外向き志向である、そして、短期・長期の両方の成功を目指す。ライズとトラウトが指摘したように、ボトムアップを目指す者はこのことを忘れてはならない。

第2章 現場に出向く

「もし私がジャマイカの優雅な空間の中に住んでいなかったら、これらの本ははたして誕生しただろうか?」

『007ジェームズ・ボンド』の原作者イアン・フレミングはかつてこのように自問し、「無理だったかな」と答えた。

暖かなジャマイカの気候がフレミングにその小説の案を吹き込んだとしたならば、ジャック・オニールに事業を始めさせたのは、サンタクルーズの冷たい海の波だった。サーフィンに打ち込んでいたオニールは、凍え死んでしまいそうなほどの寒さにうんざりし、それがサーファーにとって最初のウェットスーツの発明につながった。今日、オニール社は数百万ドルを売り上げるウェットスーツメーカーとなった。

現場に出向き、競合に対して優位性と知覚される斬新な切り口を見つけ出し、それから本社に戻ってその切り口を利用するために必要な修正を加える。これがボトムアップ・マーケティングの本質である。

現場担当の本社副社長？

戦術が戦略を決定するのであれば、マーケティングプロセス全体において欠くことのできないステップは、「現場に出向く」ことである。ところが、あいにくこの機能を担った本社副社長のいる企業はほとんどない。

このことは、読者の皆さんにとっては逆に幸運となる。今まさに、皆さんは自分の会社にとって（あるいは皆さん自身にとって）すばらしい戦略を立案できる絶好の機会を得ている。戦場は広く大きく開いているからだ。

自ら現場に出向くのと、誰かを現場に「送る」こととを混同してはいけない。誰かを現場に送ることはほとんどの企業で頻繁に行われている。営業部隊にレポートを頼むような個人的な場合もあれば、マーケティングリサーチを依頼するような個人に頼らない場合もある。

マーケティングリサーチは何も悪いことではない。ただし、マーケティングとは将来を競うゲームであることを覚えておいてほしい。マーケティングリサーチは過去に基づいた報告書であることがほとんどなのだ。

リサーチから、見込み客がすでに何をしたのかを知ることはできるが、これから何をするかは必ずしもわかるわけではない。

日本における事例2　本田技研工業

マーケティングリサーチの技術や分析方法が進歩し、調査結果は企業にとって今日なくてはならない情報である。マーケティング担当者の口からは、「～が行なったリサーチによれば」という表現がよく出てくる。また、調査結果が資料として出てこないマーケティング計画はまずない。リサーチ自体悪いことではないが、もちろん万能などではなく、その性質と限界を十分に理解した上で使う必要がある。ライズとトラウトはリサーチに頼り過ぎる傾向に警鐘を鳴らすが、日本にも「市場調査無用論」を主張したビジネスリーダーがいた。本田技研工業の創業者・本田宗一郎である。

数々のヒットを生んだ世界のホンダであるが、その創業者の哲学の中には、ライズとトラウト二人と通じるものがある。以下は本田宗一郎自身が述べた内容である。

「確かに、市場調査は、ある意味では有効だと思う。例えば、既成の製品の評判を探ろうという場合である。だからといってそれを基礎に改良品をだして売れるかといえば、それはわからない。まして独創的な新製品を造るヒントを得ようとしたら、市場調査はゼロとなる。大衆の知恵というものは決して創意などはもっていないのである。―中略―　大衆から求められるものは、すでに世にあるものの批評である。うっかりそれに頼れば二番煎じである。それでは大衆はソッポをむく。市場調査は、過去の品物がどの方向に販売されたか、さらにどういうものをつくったらよいかの判断の一つの資料を得るためにのみ有効だし、必要であると思う。あとは企業家としての創作力、経営者としての能力である」（『得手に帆あげて』より）

企業家としての創作力、経営者としての能力を養うためには、自ら現場に足を運ぶことである。オフィスで調査結果だけを見ても優れた戦術は思い当たらない。マーケティングは常に将来を見ている。過去ではない。

現場に誰かを送ることも悪いことではない。しかし、じかに情報を得るに越したことはない。オフィスにいてマーケティング業務を運営できると考えるマネジャーが多過ぎる。スパイ小説家として著名なジョン・ル・カレは「デスクから世の中を見るのは危険である」と書いている。

ボトムアップ、日本流

ボトムアップ・マーケティングは、組織の下から上へ意見をすり合わせていく日本流のやり方と同じではない。このやり方では、企業を成功に導く責任は企業で最も地位の低い平社員の肩にかかってしまう。

「過去には、強い司令官は必要ありませんでした」と野村マネジメント・スクールの徳山二郎・元学長は述べている。高度成長期には、日本企業は競合と同じタイプの製品を作り、その製品をより良くそしてより安くすることだけで成長した。

また、徳山氏は、「『前線』そのものが全体的に動いた」とも述べている。日本流の旧式な経営のスタイル（徐々に増えるステップ、意見のすり合わせ、そして下から始まる意思決定を含む）では、企業の「前線」を素早く、あるいは新しい方向に動かさないことを、今日あらゆる産業が認識しはじめている。

日本流のボトムアップ・マーケティングでは、誰がマーケティングを実践するかに重きが置かれ、何がなされているかはあまり問題ではない。

幸運な時がある。新参者が成功することもある。地位の低い従業員が会社を大成功に導くすばらしいアイデアをもっていることもある。

しかし、タイミングがそのプロセスに反してしまう。日本のシステムでは、そのコンセプトは徐々に梯子を昇っていかなければならない。意見のすり合わせは、梯子のすべての段で行なわれ、すばらしいアイデアは勝算がなくなってしまう。

マーケティング上の最高の仕掛けは、前もって大成功するように見えることは稀だ。むしろ、競合にすでに検討され、却下されていることの方が多いだろう。

マーケティングはいわばトランプゲームの一種であるジンラミーゲームだ。くずの山の中に最高のアイデアがある。

自社で満場一致のコンセプトはどれも、他社の誰かにすでに使われている。これが、日本流のシステムが、人ばかりではなく製品においても画一化を生み出す理由の一つだ。日立、ＪＶＣ、パナソニック、東芝のビデオレコーダーの違いは何だろうか。

違いなどほとんどない。これらの企業はすべて、日本流のボトムアップスタイルの受益者（あるいは犠牲者）であり、そのスタイルとは意見をすり合わせて統一していくマーケティングである。組織のボトムからトップへとコンセプトが上がっていく過程で、その違いはすべてならされてしまうのだ。

ボトムアップ、我々二人のやり方

本書で述べるボトムアップシステムにおいては、マーケティングは「誰」を問題にするのではなく、「何」が重視される。

最初に決めなければならなのは、「何の」戦術を使うかである。つまり、競合に対して優位性となる斬新なアイデアを知覚させる戦術を選ぶ必要がある。次に、その戦術を首尾一貫したマーケティングの方向性の中に組み入れる方法を決める。

これらのステップが取られてはじめて、「誰」がその戦略を遂行すべきかを決めることができる。

ほとんどの企業では、この優先順位が逆で、その仕事にふさわしいと思われる役職にいる人間を中心に組織化されている。

セールスマネジャーは販売を、マーケティングマネジャーはマーケティングを、宣伝マネジャーは宣伝を管理する。

「誰が誰に対して何をするか」はたいていの組織で非常に明確である。そこに欠けているのは、自然かつ論理的な順序で何をなすべきかに対する自覚であり、それを実現するためのシステムである。

本書は、マーケティングマネジャーを想定して書かれたものではない。マーケティングマネジャーは、本書で奨励する事項を行なう権限を通例有していないからだ。トップマネジャーを想定して書かれたものでもない。トップは権限を有しているかもしれないが、物事をありのままに見て知覚するスキルに欠けているからだ。

本書は、組織図によって受ける制約を超え、ボトムアップ・マーケティングの原理を実践してみたいと思うすべての人のために書かれている。

もし梯子の一番上にいないのであれば、努力の成果を上司に評価してもらうために莫大なエネルギーを費やさなければならないかもしれない。時間をかけなさい。それが、ボトムアップ・マーケティングのプロセスの本質的な部分なのだ。

情報の収集であり、確認ではない

現場に出向く前に、自問すべきことが一つある。情報を探しているのか、あるいは裏づけを取っているのか、ということである。

マーケティング担当者の多くは、情報を収集する振りをして、何がなされるべきかに関してすでに固まっている自分の意見を裏づける事実を探しているのだ。これはよくないことだ。

私たちは皆、自らの発言の犠牲者になってしまうこともある。マネジャーは決断力があるべきだ、という哲学を教えさとす。その結果、どの決定をするかの基盤となる情報を十分に有する前でさえ、決断を下してしまうのだ。

その断固たる姿勢をオフィスに置いて現場に出向きなさい。もっていくものは、観察する鋭い眼力と柔軟な心だけで十分。鋭い眼識はあるに越したことはないが、開かれた心はなくてはならない。

断固たる姿勢を貫かねばならないのは、なにより第一に現場に出向くということにおいてである。「自分自身で見ること」を先延ばしにするマネジャーが多く存在する。もっと重要な事があるからというのがその理由だ。

実際の活動が行われる場所を訪問することより重要なことはない。時間ができたら行こうなどと考えているのでは遅過ぎる。他者からの情報に基づいてすでに心を固めてしまっている、その裏づけのために現場に出向くことであってはならない。まっさらな情報収集のために行くのである。

観察であり、判断ではない

現場に着いてすぐに問題は始まっている。

観察は容易なプロセスではない。人間の心はすぐに判断したがる。多くの場合、頭の回転の速いことは有利だが、現場に出向く時はそうではない。じっくりと物事を見て、簡単にそのことを判断してはいけない。事実を尊重しなさい。たとえそれが自分自身の期待に反するとしてもだ。

物事を自分自身の概念で見てしまう心の傾向に打ち勝つ方法の一つは、自分が見た事実を紙に書き出してみることだ。その後、書いたメモを読んでみると、自分の心が拒否したアイデアが突然世界で最も妥当なアイデアになるかもしれない。

現場とはどこか

マーケティング戦争の前線とは、皆さんが期待するような場所ではない。スーパーマーケットでも、ドラッグストアでも、顧客のオフィスでもない。見込み客の心なのだ。前線である現場に出向くとは、顧客や見込み客が考えていそうなことを探れるポジションに自分自身を置くことを意味する（良い漁師になるためには、魚になったつもりで考えることだ）。

『ビッグ』という映画で、トム・ハンクスが演じたのは、大人の身体になってしまった一三歳の少年だった。玩具メーカーの社長は子供の気持ちがわかるトムをすぐに事業部長にしたのは自然の流れである。

日本における事例 3　金魚すくい

マーケティングの戦場とは、見込み客や顧客の心の中である。ライズとトラウトが提唱するマーケティング原理はすべてこのマーケティング哲学の上に成り立っている。したがって、現場に出向くとは、必ずしもスーパーマーケットやコンビニに行くことではない。顧客の立場に自分の身を置いて考えられる所に出向くことである。

毎年八月の第三日曜日に奈良県大和郡山市で全国金魚すくい選手権大会が開かれる。誰でも一度はやったことのある金魚すくいだが、一匹もすくい上げずに和紙が破れて終わってしまった経験はないだろうか。三分で何匹すくい上げることができるかを競うこの大会には、毎年全国から二〇〇〇人ほどが参加するという。優勝者は五〇匹以上をすくい上げるそうだが、経済紙のコラムにこの大会で名人と呼ばれる静岡の少年のことが出ていた。約三秒に一匹の速さですくい上げる、その技の奥義は、「金魚の気持ちになること」だそうだ（日本経済新聞 7/17/2011）。

金魚をたくさんすくい上げたければ、金魚になったつもりで考える。顧客をたくさん獲得したければ、顧客の目線に立てるポジションに自分自身を置いて考える。まさに、ライズとトラウトがたとえに使った良い漁師や映画『ビッグ』の一三歳の少年の話はこのことを言っているのである。

現場は皆さんの家の中かもしれない。配偶者がどのブランドを買い、どのブランドを買わないのかを決めるプロセスを見ることができる。

なぜ、と尋ねてみてほしい。なぜ夫または妻がある特定のブランドの歯磨き粉やシャンプーを買うことに決めたのだろうか。それから、質問を自分自身の製品カテゴリーに限定しないこと。優れたマーケティング担当者は、単に自分が関係する戦いだけでなく、さまざまなマーケティングの戦いに対する才覚があるものだ。

他の製品カテゴリーでのさまざまなマーケティング戦を探ってみないと、誰もが皆自社の製品カテゴリーに属するブランドの評価のみに時間を費やしてくれるという間違った印象をもってしまいがちになる。

第一印象が物をいう

第一印象を疑ってはいけない。見込み客は自らの第一印象で行動する。愚かに見えるなどと思い悩まないでほしい。最も幼稚で無邪気に聞こえる質問が結果として一番深みのある重要な質問となりえることがある。

最悪の間違いは、現場にあまりにも多くの荷物をもってくることだ。自社の製品、サービス、あるいは会社の現実に気を奪われると、自分自身を見込み客の立場に置くことなどできない。

理想的には、製品やサービスについてほとんど何も知らずに現場に出向くことだ。そうすれば、客観的に状況を評価できる。

だが、そうすることは容易ではない。米国の産業界が重要視するのは現場を訪問することではなく、事前に行われる「報告」である。報告者の仕事は、その状況について知るべきことはすべて、把握できていると聞き手に確信させることだ。

報告を受ける聞き手は、自分自身で確認するまでは、すべて話半分に聞くことである。

何を求めているのか

求めているのは、斬新な視点である。それは、見込み客の側の事実、アイデア、コンセプト、意見であり、競合が占領してしまっているポジションとは相反していることである。

洗濯用洗剤を例に考えてみよう。洗剤の広告を見て、消費者が求めているのは何だと連想するだろうか。

清潔さだ。だからこそ、タイドは洗濯物を白く、チアーは白よりも白くすると謳い、ボールドは輝きを強調したのである。

ただ、皆さんは衣類を乾燥機から取り出すところを見たことがあるだろうか。洗濯用洗剤の広告を読むと、白さから来るまぶしい光が目を傷めないようにサングラスをかけるのを思い描くかもしれない。ところが、どう考えても衣類など見ている人はほとんどいない。むしろ、洗濯したての「新鮮な」匂いがするかを確かめるために、必ずと言っていいほど出来上がった洗濯物の匂いを嗅ぐ。

この観察に基づいて、ユニリーバ社は、サーフという新しい洗濯用洗剤を世に送り出した。その洗剤で唯一見分けのつく特徴は、競合品よりも二倍の香料を含んでいることだ。結果はどうだっただろう。サーフは導入後、三五億ドルに達する米国洗濯用洗剤市場において一二%のシェアを獲得したのだ。

通勤客が電車やバスに持ち込むテイクアウトのコーヒーを買うのを見たことがあるだろうか。通勤中にコーヒーがこぼれないように、蓋にある飲み口を注意深くはがすことがよくある。ディクシー・プロダクト社のハンディカップ事業部でこれに気がついた社員がいた。そして、飲み口のついたプラスティック製の蓋を発売した。

見つけるのが難しい斬新な切り口もある。顧客はそれらの切り口を否定的に表現するからだ。

アドルフ・クアーズ社は、ライトビールを開発した（今日でさえ、クアーズビールのカロリーは、ミケロブライトよりも低い）。

しかし、ミラー社がライトビールを出すまで、クアーズは自らが開発したライトビールという切り口を無視していた。

実際は無視するほうが難しいくらいだった。ライトビールが時代の脚光を浴びる前、地元デンバーのバーテンダーに訊けば、客がどのようにクアーズビールを注文するか教えてくれただろう。「コロラドのクールエイド（訳注：清涼飲料的なビール）をたのむ」というのが常だった。クアーズは大規模な広告キャンペーンでビール市場の中にライトというカテゴリーを他社に先駆けて創り出すことができたのに、そうはしなかった。

そうしたのはミラーだった。それにより、ミラーは、クアーズとクアーズライトの二つのブランドを合計してもそれを上回る販売を達成した。

多くの切り口は見つけるのが難しい。前もって大成功するようにはまず見えないからだ（もし、大成功しそうだとわかれば、競合がすでにその切り口を使っているはずだ）。マーケティングで使う爆弾は、音もなく爆発する。

「すばらしい考えは鳩のように穏やかにこの世にやってくる。注意深く耳を傾けていれば、帝国や国々のたてる轟音の中でも、私たちは翼のかすかな羽ばたきや、生命と希望の混ざり合ったその柔らかな音を聞き取れるだろう」

とフランスの小説家アルベール・カミュは述べている。

ミラーライトの瓶を最初に見た時、「このブランドが、アメリカのナンバー1ビールであるバドワイザーに次ぐヒット商品になる」と言えただろうか。あるいは、「世界初のライトビールであるガブリンジャーズの失敗の二の舞だ」と言えただろうか。

初めてトイザらスの店を見た時、「アメリカで販売される玩具の四分の一を売り上げる、三〇億ドルの事業になる」と言えただろうか。あるいは、「なぜRの文字がひっくり返っているのか」と自問しただろうか。

一九五五年にマクドナルドのフランチャイズフィーが九五〇ドルだった頃、フランチャイズ契約を結んだだろうか。あるいは、順番待ちの時に「ハンバーガーを一五セントで販売してどうやって儲けるのか」と自分に問いかけただろうか。

一九五八年にゼロックスの株を買っただろうか。

一九六八年にアンディ・ウォーホルのスープ缶の絵、一九七三年にBMWの車、一九七九年にマンハッタンの分譲マンションを買っただろうか。

一九八七年、あるいは一九八六年、いやそれ以前に、日本円を買っただろうか。

ベースボールカードを捨てずに取っておいただろうか。スーパーマンのコミックは?

機会を見つけるのは難しい。それ自体が機会のように見えないからだ。機会は切り口のように見える。よりカロリーの少ないビール、より高価な車、より安いハンバーガー、おもちゃだけを販売する店。

その切り口、あるいは戦術を見つけ出し、そして戦略に組み入れてはじめて、そのパワーを最大限に発揮できることになる。

最高経営責任者は現場とのつながりを失いがちとなる

企業の規模が大きければ大きいほど、最高経営責任者が現場とのつながりを失ってしまうことが多くなる。これこそが、企業の成長を制限する唯一かつ最も深刻な要因であろう。

他の要因はすべて規模が大きいことが有利に働く。マーケティングは戦争であり、戦争の第一原理は力の原理である。より強力な軍隊、つまりより巨大な企業が有利なのだ。

しかし、より大きな会社が、顧客の心の中で繰り広げられるマーケティング戦に自らを集中させ続けることができないと、その有利性のいくつかを放棄することになる。ゼネラルモーターズ（GM）におけるロジャー・スミスとロス・ペローの対立は、このことを説明している。ペローがGMの役員の一人であった時、週末は車が購入される現場を見るために販売店巡りをした。ペローは、同じことをしないロジャー・スミスを酷評した。

「GMのシステムを廃絶しなければならない」とペローは述べ、暖房の入った整備工場、お抱え運転手付きのリムジン、重役のダイニングルームの撤廃を主張した。

車を売る会社でありながらお抱え運転手付きのリムジン？　最高幹部がユーザーと企業の接

点となる現場から距離をおいていることは、大企業が直面する最も深刻な問題である。

皆さんが忙しい最高経営責任者だとすると、実際に何が起こっているのかという客観的情報をどのように集めるだろうか。最高経営責任者が聞きたいであろうことばかりミドルマネジャーが報告するのをどのように克服するだろうか。良い知らせと同様に悪い知らせはどのようにしたら得られるのだろうか。

可能な方法の一つとして「身分を偽っていく」、あるいは、訪問を知らせないという手があり、これは流通または小売のレベルでは特に効果的であろう。この方法は、多くの点で平民の仮装をして臣民に混じる王様と似ている。目的は、何が起きているのかの正直な意見を得ることにある。

最高経営責任者は王様と同様に部下の大臣から正直な意見を得ることはめったにない。だから、客観的な情報の収集においては、営業部隊がいる場合、彼らが決定的な要素となる。コツは、彼らから競合の率直な評価をどのように得るかである。それには、ごまかしのない報告を賞賛することが一番だ。最高経営責任者が偽りのない事実である報告を高く評価するという噂が一旦広まれば、やがて多くの有効な情報が次々に入ってくるようになる。

日本における事例４

アサヒビール

市場シェアが低迷していたアサヒビールを建て直すために住友銀行からやってきて社長となったのが、樋口廣太郎氏である。樋口氏は就任早々、数々の社内改革を行ない、日本一のビール会社となる礎を築いた。そのうちの一つがお客様との距離を出来るかぎり短くすることであった。

樋口氏自身も全国の現場を駆け回ったことで有名だが、現場の情報、特に悪い情報を収集することに力を入れた。お客様の苦情やクレームがどんどん入ってこないと会社は伸びないとの考えから、二千人を超えるマーケットレディを全国に配置し、商品の販売ではなく、「マイナス情報」の提供を求めた。また、営業に対してもマーケットレディと同じ姿勢を求め、売上数量を増やすことよりも、お客様を訪問したり、あらゆる情報を収集することを優先させた。これらの取り組みにより、「アサヒビールは会社の体質が古すぎる」などの報告も含めてマイナスの情報が入ってくるようになった。

この時、樋口氏が留意したことは、情報が入ってきた時の受け取り方、聞き方だった。「『いや、その話はぼくが聞く話ではないな。常務に話しといて』と言えば、二度と上がってこない。ところが、『そうか。ありがとう。またこういう情報を入れてくれよ』と言えば、必ず喜んでもってきてもらえる」と著書『念ずれば花ひらく』の中で述べているように、報告者が悪い情報をトップに伝えやすい雰囲気をつくることだった。

自分の足で回って生の声を聞かせてもらうことと同時に、悪い情報も積極的に集めてそれを生かした樋口氏だからこそ、起死回生の大ヒット商品「スーパードライ」を生み出し、アサヒビールを業界トップへと押し上げることができたのであろう。

もう一つは時間の配分の問題である。役員会、委員会、夕食会など、現場を訪問することを妨げるような活動があまりにも多く、それに時間を取られてしまうことがある。ある調査によれば、平均的な最高経営責任者は自らの時間の三割を「社外の活動」に費やしている。そして、週一七時間を会議出席のために、六時間を会議の準備のために費やしている。

ある最高経営幹部は週六一時間のうち、日常の業務を管理し現場に出向くなども含めた他の一切の活動にわずか二〇時間しか使えないのだ。こうした状況では、最高経営責任者がマーケティングの機能を委譲してしまうのも不思議ではない。しかし、それは大きな誤りである。

落とし穴は細部に隠れている

最高経営責任者はどのように仕事をこなすべきだろうか。インテル社のアンドリュー・グローブの答えは、実に核心を衝いている。「シニア及びミドルマネジャーのレベルでは、大風呂敷を広げたり、あまりにも表面的な話になる傾向がある。『落とし穴は細部に隠れている』という警句があるが、すばらしいグローバル戦略を練り上げることはできても、それを実行できる可能性は全くないのだ。詳細なこと―つまり戦略を実行する個人の能力、狙いをつけた市場、タイミング―に精通することによってのみ、優れた戦略が生まれるのである」

グローブは、彼自身の取り組みを一文で要約している。

「詳細なことから始めて全体像へと到達する仕事のやり方が好きだ」

これこそ、ボトムアップ・マーケティングの本質を衝いている。

お気づきのように、インテルは好調だが、ゼネラルモーターズは下り坂を急速に転げ落ちている。

落とし穴は細部に隠れている。その細部こそが、すばらしい戦略となる戦術を見出す所でもある。

ワシントンD.C.近くにみすぼらしいモーテルがあった。これが、ケモンズ・ウィルソンがホリデイ・インのコンセプトを得た場所である。その場所にあったモーテルは、宿泊したウィルソンと彼の奥さんに六ドル請求しただけではなく、五人の子供にもそれぞれ二ドルずつ請求した。これではハイウェイ利用者に対する強奪だ、とウィルソンは思った。

ウィルソンはメンフィスに戻り、子供は無料で泊まれるファミリータイプのモーテルを作ることを決めた。そして、翌年最初のホリデイ・インをオープンしたのである。

切り口を見つけるために、旅に出る必要などない。ジム・ダイアが、大ヒットしたポケット・オーガナイザーを発明したのは、自分のメモを整理する独自の方法に基づいたものだった。

リチャード・ジェームスが偶然床に引張ばねを落とした時、そのばねが独りでに〝歩き出した〟のだ。四三年経っても、スリンキーと呼ばれるそのバネは子供や大人に人気のおもちゃだ。

メアリー・フェルプス・ジェイコブは、一九歳の時、お手伝いさんに二枚のレースのハンカチとピンクのリボンで下着を作ってもらった。ジェイコブはこの下着を「ブラジャー」と呼び、特許を取り、後にその特許を一万五〇〇〇ドルでワーナーズ・ブラザーズ・コルセット社に売ったのである。

小さな会社は有利な立場にある

ソフィア・コリアーがソーホーナチュラルソーダを一九七七年に売り出した時、二一歳だった。一二年後、彼女の会社は売上高一億ドルを超えようかという勢いである。コリアーは菜食主義者でかつてホピ族インディアン居留地に住んでいたが、ソーホーのコンセプトは明らかに彼女自身のライフスタイルから生まれたものである。当初コリアーが取り引きしなければならなかった卸売業者はこの飲料に市場があるなどとは思わなかった。「ナチュラルソーダなんて、ネーミングからして矛盾してないか?」と卸売業者は言うだろう。

実際矛盾している。しかし、それこそが、競合に対して優位性として知覚される斬新な切り口であり、ソフィア・コリアーとパートナーであるコニー・ベストが最大限に利用したものであった。

リース・ジョーンズが自宅からマッキントッシュユーザーズグループを運営していた時、そのグループが家の別の部屋にあるプリンターを共有したがった。そのことがきっかけで新たにケーブル代を費やす代わりに、電話回線上に代替回路を用い、その過程でコネクターを発明したのだ。今日、彼が経営するファラロン社のフォーンネットコネクターは月一〇〇万ドル以上も売れている。

小企業は大企業に比べると気持ちの上で現場により近く、それが急速に成長している一因かもしれない。

成長の重要な指標に雇用がある。過去六年間で社員一〇〇〇人以上の企業では雇用が九パーセントも下がった。一方、同じ時期に社員一〇〇人未満の企業では一七パーセントも増えている。

大企業は現場に出向くにあたり問題を抱えている。クリミア戦争で有名な軽騎兵旅団の突撃は、そこでは実際に領土を見ていなかった将校によって命じられた。

ゼネラルエレクトリッククレジット社の元社長T・K・クインはかつて次のように述べた。

「革新的な家庭用電気器具で、巨大企業によって生み出されたものなど一つもない—洗濯機、電熱器、乾燥機、アイロン、電灯、冷蔵庫、ラジオ、トースター、ファン、電気座布団、かみそり、芝刈り機、冷凍庫、エアコン、掃除機、食器洗い機、あるいはグリルなど、みなそうだ」

乾式複写法を発明したのはゼロックスではなく、チェスター・カールソンだ。最初のコンピュータを作ったのはIBMではなく、ジョン・モークリーとプレスパー・エッカートだった。

最高経営責任者の問題点

最高経営責任者には戦略を立案する上で一つの大きな強みがある。その実施計画を承認し、それによりその計画が実際に動くことだ。

あいにく最高経営責任者が市場について最も理解がないことがよくある（顧客を喜ばしても最高経営責任者にはなれない。最高経営責任者になりたければ前任の最高経営責任者に気に入られることが必要だが、その前任者はさらに市場を理解していないことが普通である）。

一つの問題点は、トップとボトムの間のマネジメント層の数だ。階層が多ければ多いほど、トップは市場からより遠くに隔離されてしまう。多くの企業の上の部分にたっぷりと塗り飾られた白い砂糖のトッピングは、ケーキの底の部分にあるべとべとした現実からますます切り離されてしまうのだ。

マネジメントの階層は、悪い知らせは濾過してしまい、よい知らせだけを回しがちになる。事態が悪くなると、最後にそれを知るのが最高経営責任者であることがよくある。

マネジメントの階層の数を減らすことは、最高責任者が心理的に現場に近づく一つの方法である。六〇社を対象にしたマネジメント層の数に関する調査では、最も効率がよいのは四階層未満で、効率が悪いのは約八階層もあることがわかった。

組織における階層の数にかかわらず、最高経営責任者が現場に出向くことを難しくしているのは、組織それ自体でもある。

戦場へトップが訪問するのを下のレベルの者が儀礼的な「視察旅行」にしてしまっているケースがほとんどだ。すべてはきれいに片づけられ、良く見えるように注意深くお膳立てされている。

戦場への訪問を情報収集の冒険としてではなく、モラル向上のための視察として考えるようにけしかけられる。「その塹壕に光を吹き込んでください」とツアーガイドは誘っている。

それから企業には取り巻きがいることだ。運転手、ボディーガード、付き人、アシスタント、秘書、スピーチライター、下交渉人、シェフ、ヘアスタイリストなどがいないと出張できないという最高経営責任者がいる。アイデアがこのような取り巻きの密集を突破していくことは難しい。

物事の本質に到達するために特別の努力をする最高経営責任者もいる。「バイオテクノロジーで事業を始めた時、自分自身が理解できていないことを承認していることに気がつきました。それで、個別指導を順次受け、実験室にも入り、実験着を着て、自分の手でテストしてみました」とモンサント社のリチャード・J・マホニーは述べている。

ハーバード大学の政治学者であるリチャード・E・ニュースタッドは、成功している企業の役員は政治指導者がとるべき方法で積極的に情報を探し求めなければならないと気づいた。

「大統領が個人的な利害関係を悟る上で手助けとなるのは一般的な種類の情報ではない。直面する問題の底面にあるものを解明できるのは、がらくたのような現実の些細なことが彼の心の中で組み合わさったものである。大統領として自身の利害や人間関係に影響を及ぼす、どんな断片的な事実、意見、噂にもできるだけ広く手を伸ばして取りにいかなければならない」とニュースタッドは記した。

最高雑用責任者の問題点

企業をケーキに例えると、そのケーキの底の部分には最高の雑用係がいる。チームの中で最も新しく、若く、経験も浅いと、とてつもなく大きな利点をもつことになる。まず現場にいることだ。そしてその現場では自分の周りに些細なことが溢れていて、それらに満たされていることがよくあること。その些細なことこそ、最高経営責任者ならどんな犠牲を払ってでも知りたいことなのだ。

何という機会だろうか！　しかし、外にではなくむしろ内に目を向けることでその機会を逃してしまう若者がとても多い。新人は外にいる顧客や見込み客の間で何が起こっているかよりも、会社の内部で何が起こっているかに注意を集中させる。そして、自分の上司にはその上司が知るべきことよりもむしろ上司が聞きたいことを伝えるのである。

これにはある種の理屈がある。上司に向かって間違っている、と言い放つことによって昇進はしない。上司に対して良いことを大げさに言うことによって昇進するからである。

読者の皆さんが初めて仕事に就いたのであれば、ありのままに事態を報告する方法を学ぶべきだ。自分の意見を述べることではなく、むしろ市場で起こっている戦いの現実を報告することを付け加えておきたい。戦術的な戦争を正確に観察する方法を学ぶことによってのみ、後にすばらしい戦略的才能へとつながるマーケティングスキルを養うことができる。

初めからトップの椅子に座りたいという若手が多過ぎる。このことが、非常に多くの新規MBA取得者が現場経験もなくいきなりコンサルティング会社で働くことになる理由なのだ。

しかし、企業も気づきはじめている。「現場経験の全くない若いコンサルタントに会うと本当に信じられない。人はすべてのことを一から一〇まで知っているわけではないことを理解する必要がある。したがって、ボトムから始めて徐々に上がっていくことはばかげたことでも何でもない」と鶏肉ブランドのオーナー、フランク・パーデューは述べている。

また、米国第三三代大統領のハリー・トルーマンはかつて述べたように、「唯一学ぶに値するのは、何でも理解した気になった後に学ぶことである」

中間層の問題点

ほとんどの企業での活動は中間層によって行われる。最高幹部が戦略を設定するが、ミドルマネジャーこそがその会社の戦略を戦術へと転換しなければならない。

中間層にいる人たちが市場について理解がないことがある。現場に出向く時間がないのだ。あまりにも多い会議に計画書や事務書類の山（もし事業が運営されるのと同じように家族も扱われるならば、一週間前に必要経費として申請しないと子供たちはお小遣いももらえなくなってしまうだろう）。

ほとんどの会社で計画立案プロセスがミドルマネジャーたちを孤立させてしまう要因となっている。現場を訪問する時間のないマネジャーが多くいる。彼らは、計画書の作成であまりにも忙し過ぎる。本来は戦場である現場への訪問に基づいて書かれるべきなのだが。

彼らが現実に直面した時、それはよく偶然起こるのだが、彼らの計画が事実よりもむしろ思い込みによるものであると気づいてショックを受けることもある。

ファイナンシャルサービスの会社でのブームを取り上げてみよう。全員がファイナンシャルサービスを販売し、宣伝し、マーケティングしている。

株式の仲介人は株などもうすでに販売していない。彼らが売っているものは、年金、投資信託、地方債などのファイナンシャルサービスなのだ。

生命保険会社は、もはや生命や財産の保険を販売しているばかりではない。トラベラーズ保険会社の広告から引用すると、「多様なファイナンシャルサービス」を販売しており、それらのサービスには住宅ローン、退職年金制度、投資信託、医療保険も含まれている。

銀行は、クレジットカードであれ保険であれ、それらを通じて、顧客の生涯のファイナンシャルパートナーであることを望んでいる（シティバンクあるいはチェイス銀行で口座を開いてごらんなさい。郵便受けが毎日一杯になってしまう。そんなものがあるとは信じられないファイナンシャルサービスの案内にも出くわすことだろう）。

ファイナンシャルサービス戦争の最前線に出向き、顧客や見込み客の声を聞いてごらんなさい。顧客が「ファイナンシャルサービス」という言葉を使うのを聞いたことがあるだろうか。「貯蓄貸付という個別の話をした上で、ファイナンシャルサービスを受けましょう」という具合だ。

つまり、顧客は抽象的には話さない。具体的な話をする。住宅ローン、株、車両保険、年金、持ち家担保ローンなど具体的な観点から話す。

しかし、このような顧客に売りつけようとしている企業はまさに逆のことをしている。自社がファイナンシャルサービスのすべてを提供できる企業であることを宣伝する。軍に例えて、このことを「広角正面攻撃」と呼ぶが、ほとんどうまくいかない。

起業家の問題点

一言で言えば、資金。その他すべての面では、一握りの起業家のたまごが、何百万という企業のマネジャーたちに対して大きな優位性をもっている。

起業家は現場にいる。彼らのアイデアやコンセプトは彼ら自身の個人的経験から湧き出てくる傾向にある。彼らは決定を下す権限をもっている。他の人の承認を求める必要がないからである。その結果、マーケティング上の大成功のほとんどは、起業家の身分から生まれたのだ。

しかし、資金が成功への大きな障害となる。多くの起業家に歯止めをかけてしまっているのは、アイデアの欠乏ではなく、資金がないことだ。多くの業界において、起業して参入するための資金は百万ドルは下らないのが現状である。

フェデラルエクスプレス社は、利益を上げるまでに八千万ドル以上の外部の資金を吸い取ってしまった。そして、創業者であるフレッド・スミスは、エンジンを動かし続けるために数百万ドルの自己資産を投入したのだ。

簡単な方法などない

個人の起業家であろうと、企業のマネジャーであろうと、また、会社の規模や組織での地位にかかわらず、ボトムアップ・マーケティングを実践していくことはやさしいことではない。

しかし、苦労してでも闘っていく気持ちがあれば、大きな機会が待っている。そうしている人がほとんどいないからだ。

本社で現場を見降ろし、企業理念や五ヵ年計画で武装しているマネジャーが大部分なのだ。

彼らこそ、ボトムアップで考える者にとってはいいカモになる。

第3章

時流を観察する

情勢は三〇年でどのように変わったのだろうか。

マーケティングにおいて消えそうにない戯言《ざれごと》の一つに、変化の概念がある。過去三〇年にどのような変化が起きたのだろうか。

筆者の一人の平凡な一日から、この期間に起きた劇的な変化を見てみよう。

一日の生活

朝目覚ましが鳴り、ベッドから起き上がる。シャワーを浴び、髭を剃り、服を着、朝食を食べ、駅まで車で行く。三〇年前も全く同じことをしていた。

もうちょっと詳しく見ると、大きな違いが見えそうだ。それはシャワーで使った石鹸なのか。いやいや、三〇年前も今もアイボリー石鹸を使っている。

けれども、シャンプーには大きな違いがある。以前はプレルを使っていたが、今はスタイルシャンプーと呼ばれるものを使っている（娘はプレルを使っているが）。

場所をシャワーから洗面所に移してみよう。何か違いはあるだろうか。以前は一枚刃のジレットを使っていたが、今は二枚刃のアトラだ。今デオドラントとして使っているのは制汗デオドラント。歯磨き粉はコルゲートではなくクレスト（六〇年代初期、アメリカ歯科医師会の承認印が付いたのでクレストに代えたのだ）。

しかし、本当に大きな変化に気づきはじめるのは服を着る時だ。何かの理由で、もはやアンダーシャツは着ていない（たぶん、質素を重んじる時流だからだろう）。

靴にはひもはなく、ズボンには折り返しはない。そして、ネクタイピンもしない。質素な時流に対して、その埋め合わせでポケットにハンカチを入れ、ワイシャツの襟にはカラーピンを差す。腕時計は電池で動き、腕の振りで巻かれるぜんまい式ではない。札入れはズボンのポケットではなく、上着の内ポケットに入れる。

朝食にはオレンジジュースとシリアルを食べたが、それはちょうど三〇年前にしたことと同じだ。コーヒーも飲んだ。しかし、クリームも砂糖もカフェインも入っていないコーヒー。それから、車を運転して駅まで行くが、今のエンジンは六気筒ではなく八気筒で、無鉛ガソリンを使っている。

オフィスでは、以前と同じようにまだ会議があり、これも以前と同じように直筆で手紙を書き上げる。私には手紙をタイプしてくれる秘書がいる。実際に使っているのはパソコンだがまだタイプライターのように見える。

電話には大きな違いがある。以前は黒だったが、今は白。

仕事が終わると帰宅し、三〇年前にしたことを今でもする。つまり、テレビを見、自分の生活がどのくらい変わったのか考える。

この三〇年で最も重要でそして劇的に変わったことを二つあげるとすれば、自分の剃刀が二枚刃になったことと車には無鉛ガソリンを使っていることだろう。

向こう数十年で起こる、信じられないような変化が待ち切れない。三枚刃の剃刀だろうか。車にはガソリンではなくアルコールが使われるのだろうか。

誇大報道vs現実

新聞や雑誌を読むと、現実とは全く異なる状況がある。そこでは、全世界を揺るがすような変化が毎日起こっている。

「八〇年代は終わった。自分の欲望を追求することはもはや流行らない」と最近のニューズウィーク誌のカバーストーリーは伝えている。

貪欲は時代遅れ？　そんなに急に変わったのだろうか？　ニューズウィーク誌がそうだと伝えている以上、信じたほうがいい。「数十年はカレンダー上の期間ではない。数十年の歳月とは、国民の記憶と結びついている時代の流れであり、価値観や連想につながるものである。皆が他の方を見ている夜の間に、時を選ばず始まり、終わる」

トイザらスの最高経営責任者として一九八七年に六千万ドルも稼いだチャールズ・ラザラスは翌一九八八年に急に南アメリカで平和部隊の仕事を引き受けただろうか。そうは思わない。「相棒よ、平和であれ」それが今ウォール街で交わす挨拶だろうか。ニューズウィーク誌が伝えたように、アメリカで実際に何か変わったのだろうか。

時代の流れを監視しはじめる時、心にとめておいてほしいことがある。時流のほとんどは新聞や雑誌を売るためにつくられ、製品をマーケティングする手助けにはならない。

しかし、マーケティング担当者は現実よりもむしろ誇大報道を信じがちだ。「消費財マーケティングの方程式は、深遠で逆行できない方法で変化し続けている」と、あるマネジメントの大家は述べている。「したがって、姿勢を基本的に変える必要がある。つまり、事業を管理することから変化を管理することへと」

これらすべての変化はどこで起こっているのだろうか。ペーパーレス、キャッシュレス、チェックレスの社会に何が起きたのだろう。

第三の波、メガトレンド、第二次産業革命、そして、皆が自宅のコンピュータやテレビ電話の前で働く情報化社会には何が起きたのだろうか。実際問題として、テレビ電話には何が起きたのか。

自家用ヘリコプターをもう手に入れただろうか。車に取って代わり、高速道路を時代遅れのものにしてしまう、その最高の装置はどこへやら。

二〇年前に約束されたように、テレビを通して電子新聞を毎日届けてもらっているだろうか。現実は誇大報道には決して追いつかないように思える。将来というのは常に隣の丘をちょうど越えたところにあるようだ。

しかし、座ってマーケティング計画を立案するときに何が起こるだろうか。「我々の業界ではすべてが急速に変わっている」と最初に考えるだろう。大洋の波のように、すべてが継続的に変化している。しかし、これらは短期的な変化であり、長期的な時流を知る能力を封じ込めてしまうのである。

例えば、食品業界において、誇大広告はすべて鶏と魚に集中している。「牛肉の時代は終わった。皆、鶏と魚を食べている」

実際は、一人当たりの牛肉消費量の方が鶏と魚を足したものよりも多い。

牛肉の消費量は低下していると思うかもしれないが、牛肉の一人当たりの消費量は過去三年間毎年増えているのが現実なのだ。しかし、それはちょうど、変化の大海原に立つ波といったところで、将来起こるかもしれないこととは別問題なのである。

将来のオフィス

最近では、でっちあげた作り話は誇大な報道を受けなくなった。しかし、今日のオフィスは将来というよりも昔のオフィスにずっとよく似ている。

午前中、コーヒーを一杯飲み、手紙を読み、秘書に手紙を二、三通書かせ、電話を数ヵ所にし、キャビネットからファイルをいくつか取り出したのではないだろうか。米国の産業界で働く同じ立場の人間もたぶん同じことをした……五〇年前に。

将来のオフィスにいったい何が起きたのだろうか。

現在のオフィスでの作業上、最も劇的に変わったのは皮肉にも電子工学とは関係のない、フェデラルエクスプレス、つまり二〇世紀のポニー・エクスプレスの登場である。

コンピュータ主導のOA化には何が起こっただろう。

誇張された多くの他のアイデアのように、「将来のオフィス」は将来のどこかに潜み続け、決して現実には近づかないように思われる。

でっちあげた作り話はそれ自体でどんどん大きくなっていく。そのことこそ、現場に出向くとは、好きな新聞あるいはビジネス関連書を読むこととは違う理由なのだ。

将来のオフィスのようなアイデアがいったん記事にされると、記事は繰り返され、誇大広告が誇大広告を生み出す。

編集者やレポーターは何を読んでいるのだろうか。正解は他の編集者やレポーターの記事である。独創的な題材を生み出すよりもずっと簡単だからである。

将来を予測することはできない

したがって、将来について計画を立ててはいけない。ジョン・ネイスビッツのベストセラー『メガトレンド』がサンベルト地帯の勃興を予測して書店の棚に陳列されたとたん、逆のことが起きた。北東部が活気づいたのだ。これは時流にも、そして、「専門家」の予測にも反している。

フォーチュン誌の一九八七年一〇月二六日号は、その表紙にアメリカのナンバー1エコノミストであり、米連邦準備制度理事会議長であるアラン・グリーンスパンの写真を使った。「グリーンスパンはなぜ楽観的なのか」とフォーチュン誌の表紙は伝えた。その一週間後、ダウ平均は五〇八ポイントも下がり、二二・六％もその価値を失ってしまった。グリーンスパンはブラックマンデーに対して全く的はずれなことをしてしまったのである。

一九一七年にさかのぼり、内務省はアメリカには二七年分の石油しか残っていないと予測した。五一年後の一九七五年、アメリカ政府は残りは一二年分と予測した。一九八七年に石油を使い尽くしただろうか。

一つの問題点は、短期の時流はちょうど株式市場のように自己調整していることである。牛肉消費量の増加は価格の上昇につながり、牛肉消費量の低下という結果を生んだ。

同じように、ネットワークテレビの宣伝放映時間の需要は弱含みとなった。その需要を再度高めるために、ネットワークテレビの宣伝放映料を大幅に引き下げることはしないだろうが。

致命的な欠陥

多くのマーケティング計画に見られる致命的な欠陥は、戦略が「将来を予測する」ことに基づいていることである。

明らかな予測などめったにない。大抵は数々の想定の中にどっぷりと埋もれてしまっているので、それらを探し出すためにはある程度の誇張が必要となる。

最も共通してみられる欠陥とは、時流を推定することだ。二、三年前に預言者の言ったことを信じたならば、今まさにスモーク風の網焼きチキンを皆が食べていることになる。

重要なのは、基本的な習慣は非常にゆっくりと変化するが、マスコミが小さな変化でも大げさに話すことがよくあることだ。その結果、企業が状況を読み違えてしまうことになる。これが、マクドナルドやバーガーキングが鶏肉という時流に乗ってしまった理由であり、エイボン社が「訪問販売」というコンセプトから離れつつある理由である。

時流を推定するのと同じぐらいたちが悪いのは、将来は過去の再現だと想定する日常的習慣である。何も変わらないと想定することは、何かが変わると想定するのとちょうど同じぐらいの確信をもって将来を予測していることになる。

ピーターの法則を思い出してほしい。

「予期しないことが常に起こる」

「スライス」の物語

ペプシコーラは砂糖入りとダイエット版の両方の炭酸飲料スライスを販売した。我々だったら、スライスはダイエット版限定と勧めただろう（その果汁の甘みのため、ダイエットスライスは二八カロリーだった）。

ダイエット版限定とする理由は、スライスを美容健康製品としてより効果的にポジショニングすることにある。言い換えれば、ダイエット限定であれば、製品の「焦点」を絞り込むことができただろうし、それは、常にマーケティング戦争における優れた戦略なのである。

ダイエット限定の戦略は、炭酸飲料市場の八〇％を占めている砂糖入り飲料セグメントを捨てることになる。そこで、スライスは砂糖入りとダイエット版の二種類で発売されたのだ。導入はうまくいったと思うが、ダイエット版だけならもっとうまくいった、というのが我々の見解だ。

結局のところ、清涼飲料のダイエットセグメントは砂糖入りのシェアを侵食して成長している。例えば、現在コカ・コーラの全販売の二七％はダイエット関連商品である。

スライスも、ダイエット版の方が砂糖入りよりも多く売れていることは想像に難くないだろう。ダイエット版に限定して焦点を絞り込むことによって、スライスはさらに高い市場シェアを獲得したであろうと思われる。広告も美容と健康を旗印に徹底的に焦点を絞れたに違いない。例えば「スライスは果汁を加え、カロリーを少なくしました」のように。

個々の製品は必ずしも市場に「追従する」とは限らない。砂糖入り製品がコーラ市場の七三％を占めている事実にもかかわらず、カフェインの入らないコカ・コーラではダイエット版が、四対一の割合で砂糖入りよりも多く売れている。

将来は創り出すことができる

将来を「予測する」ことと「創り出す」ことには違いもある。

将来の予測とは、これから起きる消費者の行動の変化に頼っていることである。そこに立ち、サーフボードを抱えて波がくるのを待っているのである。

一方、将来を創造するとは、製品やサービスを市場に導入し、それがまさに成功して時流を「創る」ことである。要するに、製品の新しいカテゴリーに対する潜在的な興味がまだ現われていない無の状態から創造することだ。軍事的に言うと、これを「側面攻撃」と呼ぶ。優れた側面攻撃はすべて自らの将来を創り出し、周辺領域の外側で起こることの影響など受けない。

オーヴィル・レデンバッカー社の高級ポップコーンは、普通のポップコーンの倍のお金を払ってくれる機会に賭けて勝負に出た。今日の豊かな社会ではリスクとして悪くはない。

スタウファー社は、ＴＶディナーと呼ばれる冷凍食品に三ドル払ってくれるかどうかの冒険をし、三ドルに値する商品コンセプト（低カロリーのグルメ食品）と三ドルに値する商品ブランド「リーンクィジーン」を確立した。

こうしてスタウファー社はグルメ冷凍食品カテゴリーを創り上げ、「リーンクィジーン」ブランドを年間三億ドル以上も売り上げる製品に成長させた。

日本における事例5　日清食品②

第1章で取り上げた「カップヌードル」の続きを紹介しよう。

世界初のカップ麺「カップヌードル」の成功は新しい食のスタイルを創り出した。箸とどんぶりで食べる従来のスタイルではなく、「お湯さえあれば、いつでも、どこでも」食べられる新しいスタイルである。この新しいスタイルを如実に示したのが、フォークを使って歩きながら食べる若者である。

その新しい食のスタイルを提案するために、日清食品は若者が集まる東京銀座の歩行者天国に「カップヌードル」の特設売り場を設けた。そこには新しい食のスタイルに興味をもつ人の長蛇の列ができ、周りはフォークでつついて歩きながら食べる若者でいっぱいになった。新しい販売方法は回を重ねるごとに人気を呼び、三回目にはわずか四時間で二万食を売りつくし、このスタイルは大きな潮流となった。

また、当時の即席袋めんが一食約二五円である時に、販売価格を一個一〇〇円としたのも、今までの延長線上にはない新しく創り上げた食のスタイル、新しい価値に注目してもらえるという、創業者安藤百福の「カップヌードル」の将来に賭ける思いからであった。

容器入りインスタントラーメンである「カップヌードル」の成功が時流を創り、そのスタイルは日本全国へ、そして世界へ広まっていった。まさに、将来を創造していったのである。

時流vs一時的大流行

たえず起こっている短期的な変化とは大きく異なる長期的な時流がある。喫煙の比率は一九七〇年に成人の三七%から一九八〇年には三三%に落ちた（その四%の低下はタバコ業界に衝撃を与えた）。

長期的な時流は非常にゆっくりと起こる。人は真夜中に起きて、突然禁煙したりしないものだ。二五年で成人が飲むコーヒーの量は一日に三・一杯から一・七杯に下がった。

このような低下は続くのであろうか。続くと確信するのも無理はない。六〇歳以上の成人では七九%がコーヒーを飲む。これに対して、二〇歳から二九歳の成人でコーヒーを飲むのはわずか四一%であり、コーヒーの消費量は減り続けるということだ。

一時的な流行と時流の違いをどのように見分けることができるだろうか。テレビ電話とビデオカセットレコーダーの違いは？　波と潮流の違いは？

見分けることは簡単ではない。一つは、時流は一〇年あるいはそれ以上の期間観察されなければならないのが普通だ。それでも、常に確実なわけではない。

例えば、牛肉の消費量は、一九七五年の一人当たり八八ポンド（約四〇キロ）から一九八〇年には七七ポンド（約三五キロ）に落ちた。が、その後は増えはじめた。ジョギングが、アメリカの人気スポーツである草野球に取って代わると皆が思ったとたん、ジョギング人口が大きく落ち込んだ。現在のノーチラスフィットネス機器の熱狂ぶりに何を予測することができただろうか。難しい問題だ。

もはやタバコを吸う人などいない

時流と一時的大流行の違いを見分けるもう一つの方法は、原因と結果を見つけることだ。喫煙の低下はただの低下ではない。一九六四年の喫煙に関する公衆衛生局長官の報告とその報告がもたらした反喫煙の宣伝広報の結果でもある。

一九六四年には成人男性の半数以上が喫煙していた。今日、四〇％を下回った（女性の喫煙者は三三％から二九％に下がった）。

さらに重要な事実として、一九六四年に喫煙していた医師の三分の二が辞めたことがあげられる。彼らの一般人への影響力は大きいため、タバコを吸わない医師はその時流を継続させる要因となりそうだ。

最も明らかな時流でさえ、大げさに言われがちである（二人の女性が昼食を取っていると、一人が言う「もうタバコなんて誰も吸わないわよ」）。その女性の発言は部分的にのみ正しいと言える。二五年で喫煙する成人女性の比率は正味四％下がった。

女性が禁煙する様を見るのは、その実現に向けた動きの鈍さといい、できた時の感動といい、芝生が成長するのを見るのにまさに匹敵する。

「もうタバコなど誰も吸わない」というのは、「もう白い食パンなど誰も食べない」というのと同じ部類に入る（現在売られている食パンの七〇％がまだ白パンである）。ただ、タバコを吸ったり白パンを食べる人は明らかに減少している。際立った時流であり、一時的な大流行と時流の違いを示してくれる。

時流はゆっくりとした変化を意味する

時流はゆっくりとした変化を伴うのが普通だ。一時的な大流行はファッションに似ている。かなり急速に始まり、ある日突然終わってしまうことがよくある。

一九八七年の株価市場の大暴落はその違いをよく表している。一九八六年の取り引き最終日に株を買い、一九八七年の最終日に売ったならば、どれほど大きな損害を受けただろうか。

言い換えれば、一九八七年という年はどれほど酷かったのだろうか。しかし実際には、ダウ平均は一九八六年に一八九九六で終わり、一年後の一九八七年には一九三九で終えている。つまり、年末の株価は平均でその年前年比二・三％上がっており、そのことを報道すべきだったのである。株価が上がるという長期的な時流のまっただ中で、株式市場の大暴落は一時の傾向にすぎなかったのである。

デジタル腕時計の販売が突然急増した時、一時的流行だろうとの観測は衆知のことだった。ワインクーラーの販売が二年続けて爆発的に増えた時、その熱も冷めるだろうと気づくべきだったのである。

一方、電子レンジの販売は非常にゆっくりと増加していった。今日すべての世帯の半数以上が電子レンジを所有しており、自動食器洗い機よりも高い所有率である。

オフィスでは、ファックスがそれと同じ動きを示した。電子レンジのように、ファックスも非常にゆっくりと売れ始めたのである。

今日ファックスは勢いを一気に増しており、長期的にはファックスの競合と考えられる米国郵便公社でさえその勢いを止めることは難しいであろう。

一時的大流行と時流とのもう一つの違いは、一時的大流行というのはすべての報道機関に取り上げられることだ。一時的大流行は報道価値がある。急速に起こっていることの表れだからである。時流は一時的大流行に比べれば報道機関に取り上げられることはずっと少ない、ゆっくりと起こるからだ。

あまりにも早く時流に飛びついて大損することもある。確かに、アメリカでの空の旅は規制緩和にならって増加した。それにより、ブラニフ航空の最高経営責任者であるハーディング・ローレンスは一日のうちに四〇機を新規に購入し、一六の新ルートを開設した。しかし、不景気となり、燃料が高騰したことで、その決断は裏目に出てしまい、一九七八年に計上した四五〇〇万ドルの純利益は、翌一九七九年には四四〇〇万ドルの損失となってしまった。

上がりつつある期待値

しかし、ロレックスの腕時計やジャガーの車のような高級品の成功の多くの原因となる時流がある。この時流は期待値の上昇と呼べるかもしれない。

例えば、一九六〇年から一九八五年までの四半世紀を比較してほしい。家計収入の中央値は一九六〇年には五六二〇ドルであった。それが二五年後には二万七七三五ドルと、およそ五倍である。その二万七千ドルで、五倍の量の製品やサービスを買うことはたぶんないだろうが、暮らし向きがよくなったと感じる人が大部分だ。財布にはより多くのお金があるからだ（実際、暮らし向きはよくなっている。一九八五年の消費者物価指数は一九六〇年の平均と比べて三・六倍の増加だけである）。

消費者の財布の中身が増えただけでなく、家やオフィスの壁には取得した学位証書も増えている。一九六〇年には二五歳以上の成人の内、学士をもっているのは八％にも満たなかった。

一九八五年までには、ほぼ二〇％になっている。名門ハーバード大学のエリート卒業生が大衆的なシボレーで我慢するだろうか。名門プリンストン大学のエリート卒業生が安価なプリマスを運転するだろうか。買える、買えないにかかわらず、ボルボやＢＭＷのような高級車を提示するべきだ。

逆転の役割

反対の観点からの市場が常にある。過去一〇〇年のアメリカの歴史において、最大得票差をつけて圧勝した大統領選挙は一九二〇年のことである。その選挙では、共和党のウォレン・Ｇ・ハーディングが六一・六％の得票率を得て、三四・九％だった民主党のジェームズ・Ｍ・コックスを破った（残りの三・五％はアメリカ社会党のユージン・Ｖ・デブスが獲得した）。二〇世紀における大統領選の最大の敗北においても、その敗者でさえなんとか三分の一以上の得票率を得たのである。今日の多くの製品カテゴリーにおいて、トップシェアのブランドでもそれほど高い市場シェアをもっていない。

何が民主党員の役作りをしているのか。多くは共和党員である。どの党が実業界のリーダーから最大の支援を受けているのかを労働者のリーダーが知っている時、どちらの党が労働者の票を得るか推測してみることだ。

何が共和党員の役作りをしているのか。同じ原理が当てはまる。

大部分の企業が素早く一時的大流行の後追いをするため、正反対のことをすることにより大ヒーローになりえることがよくある。

新製品を提案する任務を与えられたと想像してみよう。

マーケティング戦争における勝者と敗者を観察すると、成功した製品の多くが市場の主流に逆行したものであることがわかるはずだ。

言い換えると、皆がある一つのタイプの物を作っているのであれば、丁度逆の物を作ってみることだ。

アメリカで輸入ビールが売れている一つの理由は、軽いアメリカのビールとは対照的にコクがあるビールのニーズという事実だ。今、そのポジションを入れかえたアムステルライトが登場し、成功を収めている。

歴史は「逆行する」ことの上に創造された事業で溢れている。誰もが汎用コンピュータでIBMを追いかけていた時、ディジタル・イクイップメント・コーポレーション（DEC）は小型コンピュータで小型化に進んだ。小型化に進む中で、DECは世界で二番目に大きなコンピュータ企業となった。

ゼネラルモーターズが大きく、と考えていた時に、フォルクスワーゲンは小さく、と考えた。自動車産業がオープンカーに見切りをつけた時、クライスラーのリー・アイアコッカが復活させた。

そのように進んでいく。ジャンボサイズの時代に、食べ物の中で、今ホットで新しいと言えば一人前の小盛りサイズでありそうだ。ハンバーガーチェーンが座席数の多い大型レストランへと移行する中、顧客のより多くは店内には入らずにドライブスルーを利用しているようだ。

ここでの教訓は明らかである。**他の皆がしていることとは逆のことをする方法をともかく考えなさい。そうすれば、成功するホットな新製品がおのずと見つかるだろう。**

現実の役割

どのマーケティング計画も現実性がかなりの程度必要であることは明白である。しかし、昼間に輝く真っ青な空へ誘い込まれる誘惑には抵抗できないものがある。

会議室のテーブルの周りで述べられるコメントは、茶色い地表（現世）というよりもむしろ青い空（天国）に似ている。「皆、ペリエを飲んでいる」「タバコを吸う人はもはや誰もいない」「国産車はもう終わりだ」よくわかったつもりになってしまう。

会議室のテーブルの周りであれこれ思考を巡らすのをやめなさい。その週に起きた一時的流行にあまりにも簡単に惑わされてしまうのはよくないことだ。

ステーキ・エイルは、ピルズベリーが所有するレストランチェーンだが、もはやステーキを食べている人は誰もいないと信じてしまった。高いコレステロールの危険性について大々的に報道されていることを考えれば無理もない。これらの判断から、ステーキ・エイルはエビ、魚そして鶏をメニューに追加したのだ。ところが、売上げは急降下した。

そこでステーキ・エイルは素早く本来の店のコンセプトに戻ったが、健康食へと迂回したことで、勢いを失い、結局回復することは困難となった。

現実というのは胸がわくわくするようなコンセプトではない。ビジネススクールで現実を教えない一つの理由がそれだ。ビジネススクールで教えているのは「市場とともに動く」ことである。しかし、市場はともかく最新の一時的大流行に追随するのがほとんどだ。翌週には流行は再度変わってしまう。

ウォールストリート・ジャーナルあるいはニューヨーク・タイムズに現われる、次から次へと押し寄せる波に乗ろうとして企業という船の舵をとってはいけない。長期的な潮流をとらえることを試みて舵をとることだ。

ところが、あいにく、報道において長期的な時流が見出されても、その時流に乗ろうと計画を立てるには大抵「時、既に遅し」なのである。

第4章 焦点を絞る

現場に出向き、些細なことに十分気を配れるように専念する。そして、自らが属する市場に影響を与えるかもしれない長期的な変化を示す時流を観察する。その次は?

焦点を絞ることだ。

歴史上、戦闘において勝利するのは、軍司令官が軍隊を決定的な地点に集中させることができた場合である。言い換えれば、彼らの資源を前線の一地域に集中させることができた場合である。

「圧倒する量となるように常に軍隊を集中せよ。これが原則である。何よりもまず可能なかぎり、狙いを定めることを常にせよ」とクラウゼヴィッツは述べている。

ワーテルローの戦闘でウェリントン子爵が勝利したのは、彼がプロシアの連合軍を決定的なタイミングで戦闘につぎ込むことができたからである。

ワーテルローの戦闘でナポレオンが敗北したのは、一度に一つの敵に集中することができなかったからなのだ。
焦点を絞ることは、人間の本能や行動に従えば実行されない行為であるため、逆に実践すれば威力あるコンセプトとなる。

溶けつつあるアイスクリーム

現場司令官はあちこちの小さな火災に例えられる小競り合いを消すように迫られる。したがって、現場司令官は分隊をここへ、歩兵中隊をそこへと派遣する。止めを刺す瞬間には勝利に必要な大半の軍隊はもはや持ち合わせていない。マーケティングにおいても同じことが言える。無数の小競り合いを戦う中で徐々に失速し、大きな好機が到来した時には成功などできなくなってしまう。

例えば、ハーゲンダッツアイスクリームの店舗を考えてみる。ウォールストリート・ジャーナルは、その店舗は間もなく過去のものとなるかもしれないと報じている。三二五あるハーゲンダッツの店舗の売上げが低下していることが原因で、親会社のピルズベリーはそれらの店舗を閉鎖することを検討しているようだ。

なぜそうなったのか。スーパーマーケットが同じハーゲンダッツアイスクリームをより安く販売しているからだ。なぜこのようなことが起こったのか。製品ライン拡張の当然の結果である。

製品ラインの拡張が非常に合理的に聞こえることが問題なのだ。「我々は同じアイスクリームを二つの異なる場所で販売することによって、築き上げた名声を十分に利用できる。製品を広く知らしめ、試してもらうのが店舗の役割であり、量を販売するのがスーパーマーケットだ」

相乗効果は再度失敗に終わった。成功への道はそんなもんだと企業が学ぶのはいつのことか。成功への道はただ一つ。いくつもあるわけではない。要するに、焦点を絞ることなのだ。

道から外れて運転する

二本の道は一本の道にしかざる、という原理を示す最高の事例としてアメリカンモーターズがあげられる。

アメリカンモーターズが、利益を生むジープに焦点を絞り、赤字の乗用車から撤退したとしても、過去一〇年の業績はたいして良くならなかっただろう、と信じたのは、アメリカンモーターズの社長であったジョセフ・E・キャピーである。彼は、「自動車産業で成功するためには、二本の足が必要だった。一本はジープであり、もう一本は乗用車だ」と考え、焦点を分散させたのだった。その結果、アメリカンモーターズはもはや存在しない。今後のことについて、買収したクライスラーはどのような計画をもっているのだろうか。

乗用車から撤退し、販売店の名称を「ジープ」と訂正すること。これこそ、焦点を絞る優れた第一歩だ。

クライスラーの第二手はその第一歩の土台を崩してしまった。新たにイーグルという乗用車を発表し、ジープ／イーグル販売店で売ることにしたのだ。

過去の過ちに逆戻りである。

現場、そう販売店に出向けば、焦点がぼやけたことによるダメージがわかる。ジープだけを販売することで、機能的で飾り気のない四輪駆動車の「崇拝者」の中から営業部隊を採用することができる。メンテナンスを受け持つサービスマンもまた、ジープのコンセプトの専門家でありえる。

ジープとイーグルの両方を販売することで、営業部隊及びサービスマンが分散してしまう。見込み客が来店した時、「実用的で機能的な四輪駆動車の地へようこそ」と言って販売員が迎えることはない。

代わりに「あなたがお買いになりたい車は何でしょうか」となる。

「何でも売っています」というのは、キリスト教会がプロテスタントとカトリックという別個のものを維持することによってすべての人に訴えようとするのと効果としては同じくらいの戦略といえる（まるで「聖母マリアの明かりをつけてくれ。五時のミサの時間だ」とマネジャーの声が聞こえてきそうだ）。

焦点を絞ることの意味

その有益性が本当にはっきりしているならば、もっと多くの企業が焦点を絞るマーケティングの手法を実践してもよさそうだが、実際にはそうなっていない。なぜだろうか。一つには有益性がはっきりしていないからである。焦点を絞ることは、一見事業を縮小するように思える。

女性用が八割、男性用が残りの二割を占めるシューズショップを考えてみよう。もしそのシューズショップが女性専門店となると、売上げが二〇％落ちると考えるのは論理的のように思われる。そして、たぶんそうだろう……もし男性用の靴を止めるだけならば。

このことこそ、戦術の効果を戦術自体だけでは評価できない理由なのだ。その戦術を戦略にまで練り上げ、それから「女性専門店という戦略により、自らの靴の販路は以前より競争力がつくのだろうか」と自問しなければならない。これは、自ら問うべき最初の質問ではない。戦術を戦略に変えていくためにはマーケティングプロセス全体を通して考えることが要求される。

例えば、家族用専門靴店につけるような店名を女性専門靴店につけることはまずない。店名を変えることだ。同じ発想は店の他の領域すべてに適用すべきである。在庫する型、製品の陳列、価格、そしてもちろん広告なども。

戦術とは攻撃する地点であり、戦略とは選択したその戦術に最大限の推進力を与えるために諸活動を組織化するプロセスである。

我々が戦術に言及する時は、競合に対して競争力のある戦術を意味する。シューズショップの例にしても、男性用女性用両方の靴を販売している一般の家族向け靴店からなる競争を想定している。**焦点を絞るとは、競合とは対照的により、小さな市場に訴求することを意味する。**もしその競争においてすでに焦点が絞られて女性用と男性用で別々の店で売られているのであれば、別の戦術を探さなければならない。

絞られた焦点はなぜ、より広い焦点よりも優れているのだろうか。

どんな場合でも、ゼネラリストがスペシャリストよりも優れているかもしれない。しかし、人間の心は違ったふうに考える。すなわち、人間の心はスペシャリストの方がゼネラリストよりも優っていると考える。心臓のダブルバイパス手術を受けるとすれば、一般医と心臓外科医、どちらの医者を選ぶだろうか。

キャデラックのメンテナンスを受けるとすれば、近くのガソリンスタンドとその車を買ったキャデラック販売店のどちらの店を選ぶだろうか。

靴を買うとすれば、百貨店と靴専門店、どちらの店を選ぶだろうか。靴専門店で買う人が大半だ。

スペシャリストが人間の心の中では上位にいる。

日本における事例6　アサヒ飲料

焦点を絞ることで成功した例として、アサヒ飲料のワンダモーニングショットがあげられる。

ワンダモーニングショットが缶コーヒー市場で攻撃した地点は「朝」である。これが戦術である。この戦術を「朝専用缶コーヒー」という戦略に組み入れたのである。

朝の時間帯に限定するということは、単純に言えば、昼と夜を捨てることになる（約四割の人が午前中に缶コーヒーを飲むとするアサヒ飲料の調査を単純に裏返せば、市場の半分以上を捨てることになる）。この戦術だけを考えれば、昼と夜という大きなセグメントを放棄することになるため、売上げがむしろ下がってしまうのではないかと考えるのは論理的のように思える。

焦点を絞る上でのポイントは競争環境である。もし、競合が存在しない無風の市場であれば、自ら大きなセグメントを捨てる戦術など全く必要ない。焦点を絞るのは、競合に対する競争優位性を創り出すためである。

缶コーヒー市場はマーケットリーダーであるジョージアや二位のボスが支配しており、アサヒ飲料はこれらの優勢な競合と比べると圧倒的に劣勢だった。上位を占める競合は味や香りの良さを前面に出して市場全体を狙っている。これらの優勢な競合と同じことをして市場全体を狙っても勝てる見込みはまずない。このような競争環境だからこそ、より小さなセグメントを狙う、つまり焦点を絞ることで競合に対しての競争優位性が生まれるのである。

ライズとトラウトが指摘するように、人間の心はスペシャリストを好む。ジョージアやボスが市場全体を狙うゼネラリストであるのに対して、ワンダモーニングショットが朝専用のスペシャリストとなるためには、「朝」という切り口、つまり戦術を、「朝専用缶コーヒー」という戦略にまで全社的に高める必要があった。

そのため、アサヒ飲料が試みたのは、まず商品名である。朝に飲む缶コーヒーであることが誰にでもわかるように「モーニングショット」とネーミングした。また、広告は味や香りではなく、「朝」を強調した「おはようございます。缶コーヒーはますます朝専用」とした。そして、販売当初、朝の通勤客でにぎわう場所など全国千ヵ所百万人を対象にサンプリングを実施。社長自らも駅頭に立ってサンプルを配布した。また、ジョージアがトップシェアを握っていた自動販売機以外に、朝の通勤客がよく利用するコンビニや駅の売店などでの販売にも力を入れた。このように、朝という戦術が最大限に生かされるようにすべてのマーケティング活動が朝に向けられたのである。

そしてこうした施策の効果は数字となって現われた。清涼飲料のヒットの目安とされる年一千万ケースを、発売から七ヵ月で超える大ヒット商品となったのである。

ただ、マーケティング担当者にすると、焦点を絞る、つまり他を切り捨てるマーケティング手法をとるにはかなりの度胸がいる。アル・ライズとジャック・トラウトを尊敬する訳者も実戦では大いに悩んだ一人である。

問題点を理解する

マーケティング上の問題点を理解してはじめて、焦点を絞ることができる。問題は何なのか。事業が市場で成功するのを妨げているのは何なのか。

そのプロセスでは、客観性と知的な誠実さが要求される。問題を直視し理解することが鍵となる。過去の経営判断やエゴを守るための手段として、その問題点から目を背けたいと思う人が多過ぎる。

最大の問題点を浮き彫りにし、それに関して基本的な同意を得ることができないマーケティング担当者があまりにも多過ぎる。曖昧で、不明確な問題に落ち着きがちである。例えば、「どのように年一五%の成長を維持していくか」あるいは「どのように投下資本利益率を改善するか」などである。

これらは問題なのではなく、問題の観点から表されたゴールであり目標である。それはあたかも「どうしたら経営トップに立てるか」と自問するようなものだ。

社内で問題は見つからないだろう。市場でもない。問題は例外なく顧客及び見込み客の心の中にある。今日のマーケティングはアイデアの戦いであり、製品やサービスの戦いではない。なるほど、製品やサービスに物理的な変更を施すことを考える必要があるだろう。あるいは、社名を変えたいと思うかもしれない。しかし、これらすべての変更は後でやって来る。心の中に存在している知覚を整理した後にだ。

アメリカではフォルクスワーゲンは小型で、低価格で、信頼性のある車だといまだに考えられており、フォルクスワーゲンの社員は、この知覚を変えることはできない現実を直視しなければならない。

コカ・コーラの社員なら、主要なコークブランドに焦点を絞った広告実施計画が展開できるように、味を変えてコークファンから反発をくらったニューコークは失敗であり、いわば安楽死させるべきとの現実に直面しなければならない。味覚テストでニューコークがコカ・コーラクラシックよりも美味しいと最終的に証明されたという事実があっても、これが正しいのである。知覚が現実なのである。

アンハイザーブッシュの社員なら、「ファーストクラスはミケロブ」という戦略を中止して以来、ミケロブビールの販売は悪化しているという現実に向かい合わなければならない。

ＧＭの社員なら、キャデラックはたとえ五万六千ドルするアランテであるとしても、メルセデス・ベンツとは競争できない、という現実を直視しなければならない。ウエスタンユニオンの社員なら、二〇世紀の事業を一九世紀の社名で運営できない事実を正視しなければならない。

一般的に言って、フォルクスワーゲン、コカ・コーラ、アンハイザーブッシュ、GM、あるいはウエスタンユニオンの社員は我々がここで述べたことを信じるだろうか。たぶん信じないだろう。焦点を絞るという概念にはある種の非論理性があるからである。

さらに、彼らは現実を知っている。製品比較、味覚テスト、路上テストの結果を知っている。より高い市場シェアに値する素晴らしい製品を抱えていることを知っている。彼らがしなければならないことは、いくつかの知覚を変えることだけなのだ。

知覚に対処する

ここにトップダウン型とボトムアップ型思考の大きな違いの一つが存在する。知覚を変えることは、伝統的なトップダウン型思考のマーケターのやり方である。

知覚に対処するのが、ボトムアップ型思考のマーケターの特徴である。

社内あるいは製品に変更を加えることにより知覚に対処するのであり、環境に変更を加えようとしてではない。ボートの底に穴があいて水が少しずつ入ってくる時に、湖の水を抜き取るのではなく、ボートの穴を塞ごうとするはずだ。

企業人は優先順位を逆にしてしまうことがよくある。彼らは、自社の製品あるいはサービス、ネーミングを心底好きにならないと、自らが出かけてそれらを売り込むことなどできないと信じている。「優れた製品であると心の中でわかっているならば、これらの確信を他者に知らせるための適切な単語、イメージ、そして戦略を間違いなく見つけ出せる」という具合だ。

自分自身に恋することは、危険な幻想である。人の心を混乱させ、思考を鈍らせる。

ボトムアップ・マーケティングで実践しようとしていることは、心を変えることではなく、すでに心の中にある知覚を利用することだ。

第一歩を見出すためには、詳細なものをつかみ、それを一般化しなければならない。実際には、一般化し過ぎるぐらいしなければならない。

マーケティングとは、単純なアイデアが複雑なアイデアを打ち負かすゲームであり、たった一つのアイデアが多様性を打ち負かすゲームだ。

なぜそうなのかを理解するために、見込み客の心に戻ってみよう。心の中にたどり着くにはどのようにしたらよいだろう。一つのメッセージを取り上げて違った形で何回も何回も繰り返すことによってだろうか。あるいは、多くの異なったメッセージを準備することによってだろうか。

自らが発したメッセージ同士が矛盾する時、自分自身と競争していることになる。つまり、見込み客を混乱させることになる。自分は何者であり、自分は何を表しているのか。見込み客は、どのような製品または会社であれ、一つのものに二つの異なったポジションを与えることに強い抵抗を示す。

ブランドを受け持っているのであれば、「確立されたブランド名の下、製品ラインの拡張によってより多くの利益を上げることができる」というような提案には断固「ノー」と言う勇気が必要だ。

無から得られるもの

製品ライン拡張は、経営陣の頭の中に新しいビジネスの未来像として、財務上放ってはおけない議論を提供する。

確立されたブランド名の上に「ただ乗り」するので、無から何かが得られるように思う。しかしあいにく、ただ飯など存在せず、そのうちに報いを受けなければならなくなる。以下に五つの適例を示す。

①スコットペーパーは、スコットのブランド名を非常に多くの製品（スコッティシュー、スコットキンズ、スコッティー、スコットタオル）につけたため、「スコット」という単語は買い物リストでは意味をなさなくなりはじめた。また、凹凸をつけてソフトなトイレットティッシュにしたシャーミンは、その柔らかさを示す広告を使ってスコットからトイ

レットティッシュの首位の座を奪い取った。

②サラリーは、冷凍のデザートだけではなく、冷凍の主食も販売したが八百万ドル失った。

③ゼロックスはコピーできないゼロックス機器を販売しようとして数百万ドル失った（コピーできない機器とはコンピュータだった）。

④ライフセイバーズは、キャンディーとガムの両方を販売しようとして成功しなかった。そのため、ライフセイバーズの名前を外し、バブルヤムとしてバブルガムを発売したところ、大成功し、ライフセイバーのキャンディーの売上げを凌いでいる。

⑤プロクター＆ギャンブル（P＆G）は、製品拡張には最後まで抵抗したが、ついにその魅力に負け、アイボリーシャンプーとアイボリーコンディショナーを試みた。その二つの製品は何の価値もなくなりつつある。

製品ライン拡張とともに進む

製品ライン拡張を延々と進めることはできるだろうが、ここ数年、この製品ライン拡張という無鉄砲な試みは全く功を奏していない。カテゴリーからカテゴリーへと、皆その製品ライン拡張のプールに飛び込んでしまった。大手ビールメーカーはどこも、多くの費用をかけて「ライトビール」を発売したが、トータルで評価すると、主なブランドへの衝撃も含めてマイナスの結果となった。

我々が若い頃は主に五つしかなかったタバコのブランドは今日二六九になっている。その内、製品ライン拡張が大部分である。ビールそしてタバコのカテゴリーはいずれも頭打ちか減少傾向にある。その結果、どの企業にとっても、費用はより多くかかるが、ビジネスのパイは縮小している。

すべての人に訴えかけようとする製品は、結局は誰にも訴えない破目になる。製品ライン拡張は、どの形態であっても、自己破壊的なプロセスである。時の経過とともに、製品ライン拡張は、核となる製品、効用、そしてコンセプトの支えを破壊してしまう傾向にある。

消費財においては、ある種の状況が製品ライン拡張を起こす。これらの製品ライン拡張は、ブランドとカテゴリーの両方を弱めてしまうという長期的な結果をもたらす。長期的には、製品ライン拡張の比重の大きいカテゴリーはどれも支配力があまりない。

企業にブランドの製品ライン拡張を起こさせる状況には二つある。

①頭打ち、あるいは縮小する市場……ビール、タバコ、コーヒー、朝食用シリアルなど。
②成分に関する消費者の関心……カフェイン、ニコチン、ナトリウム、砂糖、カロリーなど。

踏んだり蹴ったりだが、製品ライン拡張によって起こされる製品の激増は、小売業からの「棚代」の請求につながり、その小売店の棚のスペースは、まるで日本の不動産のように縮小しているのである。

さらに、製品ライン拡張が製品カテゴリー全体の消費需要を減じることにつながってしまうこともよくある。ヘルマンズのライトマヨネーズが棚にあるのを見てどう思うだろうか。マヨネーズはカロリーが恐ろしいほど高いに違いない、とは思わないだろうか。それは本当にヘルマンズが伝えたいメッセージだろうか。

ゼネラリストになろうとする

ゼネラリストになろうとしている企業がほとんどだ。皆に気に入られる八方美人になる傾向が、株主や従業員にとってたいへんな悲劇でないとすれば、おかしくて笑ってしまう。

これに関して勘違いをしないようにしていただきたい。ゼネラリスト的汎用ブランドがスペシャリスト的限定ブランドより優れている、というのが世間一般の通念なのである。そのことが、製品ライン拡張が今日のマーケティング手法の一つである理由となっている。

ここで述べているのは、小さなお店のことではなく、巨大で複雑なマーケティング部門をかかえる大企業のことだ。例えば、コルゲート・パルモリブ社のような企業。コルゲートはそのブランドの多くがもっていた意味を台無しにしてしまった。

質問：コルゲートとは何を意味するだろうか。練り歯磨き、歯ブラシ、歯磨き粉、石鹸、髭剃り用クリーム、それとも自動食器洗い機用洗剤？

答え：それらすべてだ。

「ブランド資産価値の拡張」は、コカ・コーラのような会社が「メガブランド」の効用を広めていることもあって、大流行している。

コストの効率性や商売上の受け入れやすさという名目で、ある特定の種類の製品やアイデアを象徴する「スペシャリスト」的限定ブランドを、二つ、三つ、あるいはそれ以上の種類の製品を表す「ゼネラリスト」的汎用ブランドに変えることを企業はまさに快く思っているのである。

例えば、シボレーは、驚くべきことに五一種類もの異なるモデルを一二のネームプレートの下で販売しており、五千ドルのシェヴェットから三万ドルのコルベットまでまたがっている。加えて、シボレーはトラックまで抱えている。

一体シボレーとは何だろうか。シボレーは小型、大型、低価格、高価な車あるいはトラックすべてなのである。シボレーは究極的なゼネラリスト的汎用ブランドなのだ。お客様がほしがるものは何でもシボレーは対応できる。

たぶんそれが、シボレーが最近販売上のリーダーシップをフォードに譲ってしまった一つの理由である（実際には、フォードはシボレーと比較してずっとましというわけではない。ただ、フォードの方が製品ラインの拡張がわずかに少ないだけなのだ）。

製品ライン拡張は、顧客そして見込み客の心の中に存在するブランドの基本的な個性あるいはポジションを侵食することなのだ。

製品ライン拡張と競争

ブランドの個性を長期的に侵食してしまうのが製品ライン拡張のマイナス効果である一方、現実の損害は競争によってもたらされる。

実際、製品ラインまたはブランドの資産価値を拡張することはもっともなことであり、ある一つの条件の下では奨励されるべきである。それは、スペシャリストが参入して、その威力を発揮することが許されない、という条件である。製品ライン拡張の敵は、拡張によって生じる混乱ではなく、競合するスペシャリストの存在なのである。

家庭用電気器具事業におけるゼネラルエレクトリック（ＧＥ）の悲しい歴史物語がこの点をよく示している。「ゼネラルエレクトリック」は素晴らしい名前である。したがって、二、三例をあげると、冷蔵庫、洗濯機、食器洗い機、ミキサー、アイロン、そしてフードプロセッサーのような幅広い製品にその名前を使っても理解できた。

製品ライン拡張は問題ではなかった。問題は、競争相手が参入し、スペシャリスト的ブランドがそれぞれのカテゴリーのトップに躍り出たことである。

クイジナートがフードプロセッサーのリーダーであり、ＧＥではない。

フリジデアが冷蔵庫のリーダーであり、ＧＥではない。
メイタッグが洗濯機のリーダーであり、ＧＥではない。
サンビームがアイロンのリーダーであり、ＧＥではない。
ウェアリングがミキサーのリーダーであり、ＧＥではない。

ＧＥがリードしている唯一の台所製品は電気式レンジであり、他に何があろう。

ゼネラリストの弱点

ＧＥの例のように、ゼネラリストは常に攻撃されやすい。デルモンテは缶詰のフルーツや野菜にとっては素晴らしいゼネラリスト的名前である。しかし、ドールという「スペシャリスト」的名前がパイナップルではリードしている。

クラフトのケースを考えてみよう。クラフトの名前を広く使うことは製品ライン拡張において最も成功していると感じている人が多い。

競争相手がいない時はたぶんそうだったろう。しかし、ゼリーやジャムでは、ゼネラリストであるクラフトの名前がスペシャリストであるスマッカーズと戦争を始めると、何か奇妙に聞こえるスマッカーズがシェア三七％で、九％のクラフトにシェア争いで勝った。

さらに、ゼネラリストはマヨネーズ戦争においても有利ではない。クラフトリアルマヨネーズのシェア一八％に対して、ヘルマンズは四二％ももっている。

クラフトにとって幸運だったのは、たまたまスペシャリスト的ブランドをいくつかもっていたことだ。事実、市場シェアの観点から最も成功したブランドは、フィラデルフィアブランドのクリームチーズであり、それはまさに見ればすぐにわかるスペシャリスト的名前である。長年、フィラデルフィアはクリームチーズ市場で約七〇％のシェアをもっている。

製品ライン拡張の矛盾

誰もが成功した製品ライン拡張のことを知っている。しかし、質問は製品ライン拡張が成功したかどうかではなく、競争相手が何をしたかである。そのことにより、製品ライン拡張に関して二つの原則を導きだせる。

①製品ライン拡張が優れた戦略であるのは、スペシャリスト的競争相手が全く参入しない場合である。
②製品ライン拡張がまずい戦略であるのは、競争相手が強力に反撃してくる場合である。

ここまでのところ、歴史がこれら二つの点を裏づけているように思える。

何年もの間、プロクター＆ギャンブル（Ｐ＆Ｇ）のクリスコブランドは、リーダー的なショートニングであった。その後、世の中はベジタブルオイルへと走った。もちろん、P&G も同様にクリスコオイルへと走る。

では、誰がベジタブル戦争を制したのか。当然のことながら、ウェッソンである。

時が経ち、コーンオイルが登場した。もちろん、ウェッソンも技術的に追随し、ウェッソンコーンオイルを発表した。コーンオイルの混戦で大勝利したのは誰か。そのとおり。マゾーラである。ノン・コレステロールコーンオイルの成功は、ノン・コレステロールコーンオイルマーガリンへとつながる。当然、マゾーラはマゾーラコーンオイルマーガリンを発売する。

コーンオイルマーガリンカテゴリーでの勝者は誰か。そのとおり。フライシュマンズである。

このように、それぞれのカテゴリーで勝利したスペシャリストがゼネラリストとなり、その後さらなるスペシャリストに負けてしまうのである。

タバコを長くする

同じ展開が何年か前にタバコ業界でも見られた。

一九三七年にポールモールが長さ八五ミリのタバコを発売したが、そのタバコはラッキーストライクやキャメルのような標準のブランドよりも一五ミリ長かった。

ポールモールはキングサイズのタバコのスペシャリストとなり、売れ行きも良く、一九六〇年にはキャメルを押しのけてトップブランドとなった。

その後、ポールモールの社内で「なぜここで止めるのか。一〇〇ミリにさらに伸ばそう」という意見が出た。素晴らしいアイデアである。

しかし、新しいブランドを付けるのではなく、ポールモールはそのスペシャリスト的なキングサイズの名前をゼネラリスト的な名前に変えてしまった。一九六五年、ポールモールゴールドを発表し、長さ一〇〇ミリの初のタバコとなった。

その後すぐに、ベンソン&ヘッジスが長さ一〇〇ミリのタバコで参入し、市場を乗り逃げした。今日、ポールモールの八五ミリと一〇〇ミリのタバコを両方合わせても三・一%のシェアしかもっておらず、一方一〇〇ミリのスペシャリストであるベンソン&ヘッジスは四・二%のシェアを占めている。

再度言えることは、スペシャリストがゼネラリストを打ち負かす。

製品ライン拡張の逆

焦点を絞ることが、製品ライン拡張の逆である。

マーケティングメッセージはナイフの刃のようなものだ。そのメッセージを心に刻み込むにはナイフを研がなければならない。販売戦略を広げるとは、その刃を切れなくしてしまうことだ。

マーケティングにおける計算は数学の計算とは異なる。マーケティングにおいては、引くことによって販売を増やすのであり、足すことによってではない。

強力なマーケティング攻撃を仕掛けるためには、犠牲を覚悟しなければならない。

フルラインは、リーダーのみがとれる贅沢な戦略である。もしリーダーと競争したいのであれば、製品ラインを減らすことであり、増やすことではない。

焦点を絞ることのパワー

第一に、スペシャリストは一つの製品、一つの効用、一つのメッセージに焦点を絞ることができる。焦点を絞ることにより、マーケターはメッセージに鮮明な訴求点を入れることができ、人間の心の中に素早くそれを刻み込むことができる。例がいくつかある。

ドミノ・ピザは三〇分の宅配に焦点を絞ることができるが、ピザハットは宅配と店の両方を切り盛りしなければならない。

デュラセルは長時間耐久のアルカリ電池に焦点を絞ることができるが、エバーレディは懐中電灯用充電式高性能電池、そしてアルカリ電池を意味する（最近、エバーレディエナジャイザーアルカリ電池は単純にエナジャイザーとなり、エバーレディ側にとっては良いことである）。

カストロールは高性能小型エンジン用オイルに焦点を絞ることができるが、ペンゾイルやクエーカーステートはすべての種類のエンジン用オイルとして販売されている。

二番目に、スペシャリストには専門家あるいは最高として知覚される技量がある。クレイはスーパーコンピュータでは最高であり、フィラデルフィアは最高のクリームチーズだ。いわば本家本元なのである。

最後に、スペシャリストはそのカテゴリーの「代名詞」となりえる。ゼロックスはコピーすることの代名詞となったため、「私にそれをゼロックスしてください」と言う人もいる。フェデラルエクスプレスは「君にそれをフェデラルするよ」という具合に翌日配達便の代名詞となった。

スリーエムのスコッチテープはセロテープの代名詞として「一緒にそれをスコッチテープしますよ」などと言われている。

ブランド名を代名詞にすることはマーケティング戦争においては究極的な武器なのである。しかし、それはスペシャリストだけができる。ゼネラリストは代名詞にはなりえない。「GEからビールを取って」とは誰も言わない。

コーラにおける焦点

コカ・コーラのツーブランド戦略は宿敵ペプシコーラに対抗するためのものだった。

この戦略が最も弱い所は、ファストフード店のような飲食店であった（スーパーマーケットには二つのブランドのコークを置く場所があるが、ファストフードのお店にはない）。

「明らかな勝者と組むことができるのに、どうして判定にかける必要があるのですか?」とペプシは流通業者に対する広告で訴えた。

焦点を絞るにはうってつけのチャンスだった。ペプシはスーパーマーケットでの戦いにはすでに勝っていたが、飲食店市場ではコークが六〇%もシェアをもっており、ペプシは二六%だった。そこでペプシは、ケンタッキーフライドチキンの買収に乗り出したのだ(その買収にはタコベルやピザハットも付随していた)。

その買収を見て、「なぜ競争相手を援助するのかね」と余裕でながめていたコカ・コーラも、すぐさまウェンディーズに対してペプシコーラの取り扱いを止めるように申し出た。

ペプシコーラはファストフード業界とごたごたを起こしているため、今後この業界でペプシが生き残っていくためには、円滑な話し合いと多額の買収資金が必要になることだろう。

OAシステムにおける焦点

ゼロックスはどんなものでもコピーできる。ゼロックスは本気でそう思っていた。なんと、OAシステム機器のフルラインを出してIBMをコピーしようと試みたのだ。チームゼロックスはここ最近多くのゲームで星を落としていることに気がつくだろう。

製品の代わりにシステムを売るということは兵力を広める科学的方法であり、多くの企業にとって魅力的であるに違いない。しかし、この手を打つ前に、まず現場に出向き、確かめなければならないことがある。なんとかしてシステムを売りたいという売り手の気持ちに負けないくらい見込み客もシステムを買いたいと思っているのか、念のため確かめてみることだ。大部分の顧客はそうは思っていない。そのことが、ワング、ハリスそしてその他のOAシステムの販売会社が非常に多くの問題を抱えている理由なのだ。

焦点を絞ることは、事実上成功したどのマーケティング実施計画にも見られる秘密の要素である。巨人IBMでさえ、一度に前線すべてを攻撃する余裕などない。同社がパソコンを発売した年、広告宣伝費の七三%をその新製品のために使ったのだ。

エムシーアイの躓き

長距離電話会社であるエムシーアイは最近第4四半期の損金処理が五億ドルから七億ドルになったことを発表した。さらに、一万六千人の従業員の内二三〇〇人を一時解雇することも発表した。従業員だけではなく、金額的にも莫大な損失だ。

エムシーアイにおける問題も焦点の絞り方にあった。同社の経営不振の端緒は、市場状況を十分に考慮せずに電子メール事業に参入したことがあげられる。エムシーアイは大企業であり、年間の収益は四〇億ドルに近いが、企業規模とは相対的なものである。エムシーアイの競争相手は米国電話電信会社（AT&T）であり、その規模はエムシーアイの何倍もの企業である。エムシーアイは長距離電話市場ではわずか五%のシェアしかもっていない。

もしAT&Tのような巨大企業と競合しているのであれば、さらに別の巨大企業である米国郵便公社に戦いを挑むような事業を始めるだろうか。もし電子メール事業に乗り出す会社があるならば、リソースが潤沢なAT&Tのような企業であり、エムシーアイのような規模の会社ではない。

社名（グッドイヤー）のように良い年とはならない

道路の王様であるグッドイヤータイヤアンドラバー社にとって良い年でなかったのは確かだ。その問題の原因は、主流のタイヤとゴムではなく、石油だった。とりわけ、一九八三年にグッドイヤーが買収したセレロンは石油／ガス探索会社であり、八億二千万ドルで株式を取得した。

その石油事業はグッドイヤーの経営陣の気をそらしたばかりでなく、グッドイヤーの重要な航空宇宙及び自動車用ホイール事業からも目を離させてしまったのである。

災難がグッドイヤーに起こった。ジェイムス・ゴールドスミスというイギリス系フランス人の投資家が現われ、すでに所有している一一・五％の株に加え、残りの株式の取得を申し出たのである。ジェイムス卿の申し出をかわすため、グッドイヤーの経営陣は彼の株式と他の株主から四千万株を買い戻したのである。この一連の動きにより、グッドイヤーの負債は倍以上の五三億ドルにまで膨らみ、セレロンと他の子会社二社を危険にさらす結果となってしまった。

グッドイヤーの従業員は五％減らされ、研究開発予算は一〇％カット、そして広告費は大幅に削減された。資本支出も著しく削減された。

ゴールドスミスはグッドイヤーに対してどのような恐ろしい計画をもっていたのだろうか。「グッドイヤーには世界クラスの技術を伴った素晴らしく、かつ健全な事業がある。しかし、経営の多角化によりグッドイヤーの事業の焦点がぼけてしまった」とジェイムス卿は述べている。ここでも「焦点」という言葉が使われている。グッドイヤーに対する株主の価値は、非タイヤ部門を切り捨て、コアの事業に集中することによって最もよく報いられるであろう。

ジェイムス卿の発言は我々にとっては優れたアイデアのように聞こえる。なぜグッドイヤーは最初にそのように考えなかったのだろうか。

デュポンが次？

グッドイヤーのように、デュポンの経営悪化問題も石油だ。特に、一九八一年にコノコを七八億ドルで買収したことである。今では五〇億ドルの価値しかないように思われる企業である。

ウィルミントンに本社を置くデュポンは焦点を絞るということを学んでいなかった。化学への依存度を下げる企業努力の一環として、デュポンは最近数多くの薬品会社を買収した。中でもバクスター・トラベノールのアメリカンクリティカルケア部門が特記される。

薬品は石油と同じ道をたどるのか、という質問は間違っている。

薬品のような製品がどちらの方向へ進むのか知っていると思うならば、薬品会社の株を買うべきであり、薬品会社そのものを買収することではない。

買収による相乗効果など忘れた方がいい。そんなものは作り話に過ぎないからだ。

流通における焦点

焦点を絞ることにおいて大きな利点があることを示す産業の一つに流通業界がある。

巨大百貨店は小さな専門店に屈している。マンハッタンだけでも、ギンベルズ、オーバックス、アレキサンダーズの老舗百貨店三店が閉鎖の計画を発表した。

しかし、小型専門店チェーンは景気づいている。ギャップやベネトンはすぐに心に浮かぶ二つの例だ。

百貨店と専門店の戦いは、焦点を絞ることのパワーを示す最も明らかな例の一つだ。しかし、百貨店の売上げが下がったのは、専門店が市場に参入してきた後であることに注目してほしい。

焦点を広げ過ぎた競合を攻撃する時期というのは、減少が始まる前であり、後ではない。趨勢が明らかになるまで待っていたら、たぶん手遅れとなってしまう。他の誰かが自らのポジションを確立するためにすでに参入してしまっているだろう。

ダートアンドクラフトの分離

ダートアンドクラフトは六年間の合併期間の後に合併を解消したという記事を皆さんは読んだのではないだろうか。これは、マーケティングの世界で多く行われた分裂の最初だと思われる。

新生クラフトは、ダートアンドクラフトの食品事業すべてとデュラセルから成る（電池と食料品の組み合わせは奇妙だが、クラフトの権力者たちは利益を生むデュラセルを離したくなかったのだ）。残りの事業は（タッパーウェア、ウエストベンド商標の家庭用電気器具、ホバート商標の厨房器具、など）はプレマークインターナショナルの名前の下で、切り離して株主に対して分離独立されるだろう。

クラフトの名前には問題は残るが、分裂した両者はよくなるだろう（焦点を絞った二つの会社は、焦点の定まらない一つの会社よりも強い）。

ウォール街のアナリストにも同じ意見の人がいる。ドナルドソン、ルフキン＆ジェンレッテのカート・ウルフが主張しているのは、一つの事業に集中している小規模企業の方が「巨大資本で多角化された」大企業よりもうまくいくということだ。

「投資家たちが投資の分散をするのは？ ポートフォリオを通してであり、経営を通してではない」とウルフは述べている。

「ミラーをください」

焦点をぼかしてしまう危険性を説明するのに、ミラービールの歴史物語ほど好都合なものはない。論理的にはたぶんこのように進むだろう。一般のビールとして卓越したブランドのミラーハイライフがある。それなら、ライトビールにもそのよく知れ渡ったブランドを付けてシェアを伸ばそうじゃないか。

そして、それはうまく行った。ミラーライトは今やアメリカのビール販売では二位につけている。ところが、かつて二位だったミラーハイライフには何が起こっただろうか。

そのブランドは浸水してしまい、ミラーハイライフの年間販売量は六年で二三五〇万バーレルから九四〇万バーレルに落ち込んでしまった。ミラー社が同じ期間にそのブランドの宣伝に三億一千万ドルも費やしたにもかかわらず、このような落ち込みが起こった。

現場に出向いてその理由を見てはどうだろう。まず近くのバーから始めるのがよい。バーテンダーに「ミラー」と注文して、何が出てくるか見てごらんなさい。「ミラーライト」が出てくることは十分に予想される。

言い換えれば、「ミラー」はライトを意味する。したがって、「ミラー」はもはやハイライフではなくなったのだ。

役員室では、会長がミラーに意味させたいものは何でもミラーは意味する。しかし、現場に行けば見込み客の心の中は別問題だとわかる。情報が氾濫し、ブランドが多過ぎ、ビールの種類も多過ぎる社会では、ブランドが一つのことを意味できれば幸運である。ブランドは二つあるいは三つのことを同時には意味できない。

ハインツはかつてピクルスのメーカーとしてナンバー1であった。だが、それからハインツはそのブランドの資産価値を利用してハインツケチャップを売りに出した。これも大成功した。その途中で、もちろん、ハインツはピクルスのリーダーシップをヴラスィックに譲ってしまった。思ったとおり。ヴラスィックはピクルスを意味し、ハインツはケチャップを意味することになる。

第5章 戦術を見出す

時流を観察し、焦点を絞ることだけで長期間過ごしてしまうこともありえるが、遅かれ早かれ、顧客や見込み客が競合に対する優位性として知覚する切り口を選ばなければならず、それが戦略へと進展していく。

実際、何度も何度もこのプロセスを通して慎重に検討することになるかもしれない。すなわち、戦術を一つ選び、その戦術を論理的な結論にまでもっていく。それから、その戦術を一度捨て、また別の戦術を試みる。この時に、心に留めておくべき原理がいくつかある。

戦術は自社志向ではいけない

これは最悪のトップダウン・マーケティングである。つまり、企業の戦略的必要性に応えるという理由から、執るべき戦術を選ぶことである。

ゼロックスはサイエンティフィックデータシステムというコンピュータ会社を買収したが、

その理由は顧客にOAシステムを提供するという彼らの戦略計画に適合するからである。その買収は一〇億ドル規模の失敗に終わった。顧客にとっては選べるコンピュータ会社はすでにあり余っていた。ほんの二、三例をあげてもIBM、DEC、そしてワングなどである。

十中八九、新製品は自社の製品ラインの隙間を埋めるために売り出されるのであり、市場の隙間を埋めるためではない。たぶんそれが新製品を出してもほとんどが失敗する理由である。

企業の焦点が誤っている。それは組織内部では点数を稼げるかもしれないが、外部に対しては悲惨な結果をもたらしえる。

戦術は顧客志向ではいけない

顧客に仕えることがマーケティングだ、という神話がある。

未開拓の市場があるという夢想を抱いているマーケティング担当者が多い。市場には自社と顧客だけが存在し、マーケティングは二者間のゲームだという信念である。この信念の下、企業は顧客のニーズやウォンツに訴えるような戦術に基づく製品またはサービスを開発し、そして収益を得るためにマーケティングを使う。

自社と顧客しか存在しない未開拓な市場などない。現実は、並み居る競合によってしっかりとあるいは何らかの形で握られてしまっている消費者の集まりが市場だ。

したがって、マーケティング実施計画とは、自社の顧客を惹きつけ離さないと同時に、一方で競合から顧客を奪い取る策なのである。

新製品を出す時には未開拓の領域が数多くあると考えるのも正しくない。新製品の潜在的市場を想定することはできるが、彼らのうちの誰かがその新製品を買うだろうなどという保証はない。

未開拓の市場の顧客ニーズやウォンツに訴求することについてさかんに話されているにもかかわらず、実際にはむしろ既存の市場を狙い、壕を構えている競合に対して製品を売り出すマーケターがほとんどなのである。

側面攻撃という特別なケース

我々が意図する側面攻撃は、明確に差別化された新製品を投入することと定義する。典型的な側面攻撃の動きとは、価格の観点から高価格にするか低価格にするかである。

例えば、メルセデス・ベンツは、高価格でキャデラックを側面攻撃した。フォルクスワーゲンは低価格でシボレーを側面攻撃している。

別の例として、オーヴィル・レデンバッカーのグルメポップコーンは高価格でジョリータイムを側面攻撃した。側面攻撃は非常に効果的であるが、まだ踏み切れないマーケターは多い。

高価格のポップコーン市場とは何だろう。そんなものはオーヴィル・レデンバッカーが創り上げる前にはもちろん存在しない。

両方を追っかけることはできない。すなわち、未開拓の領域に対して展開していく利点を享受してさらに、既存の市場の恩恵を受けることはできない。

戦術は競争志向であるべきだ

デルタ航空がマイルを三倍にする「トリプルマイレージ」ボーナスをマイレージサービス会員（及び新会員）に提供することを決定したのは、それほど前のことではない。

優れたアイデアのように思われ、多くの新規顧客をデルタに惹きつけるはずだった。実際そうであったが、その新サービスは、アメリカン航空、パンナム、トランス・ワールド航空やイースタン航空をも惹きつけた。事実、デルタの競合はすべて飛びつき、同じ特典を提供した。結局、頻繁に飛行機を利用する顧客だけが恩恵を受けたことになる。

バーガーキングが「直火で焼きます。揚げません」というキャンペーンを始めた時、マクドナルドは店にあるフライヤー（揚げなべ）すべてをはぎ取って、ブロイヤー（直火焼きオーブン）を設置することをしなかった。そうするには、膨大な費用がかかっただろう。

トリプルマイルは競争志向の戦術ではない、理由はすぐに真似されてしまうからだ。スピードが重要だ。競合がすぐには真似できない戦術であれば、心の中にそのアイデアを先に占有してしまう時間を稼げる。

デルタがトリプルマイルのアイデアを最初に考え出したことを知らない乗客がほとんどだ。

デルタは競合が参入してくる前にそのコンセプトを確立する十分な時間が取れなかった。「直火で焼きます。揚げません」は優れた競争志向の戦術である。素早く、そして経済的に真似できないからだ。

ミシュランがラジアルタイヤでアメリカ市場に参入してきた時、グッドイヤーやファイヤストーンはそれ以後長らく守勢の立場に立たされてしまった。アメリカのタイヤ業界における大企業がラジアルタイヤの設備投資に乗り気であったとしても、生産ラインが稼働するには何年もかかったであろう。

ナイフを競争相手に突きつける戦術だけが考慮に値する。購入のための動機を顧客に提供するだけの戦術は、競争相手にも真似をする動機を与えることになる。

しかし、クーポン、払い戻し、店内の販売促進、そして数々の取引を含むマーケティング実施計画がほとんどなのだ。機能しない実施計画は費用がかかる。機能する実施計画は最も誠実なほめ言葉の形となって現われる。それは競合が真似をすることだ。

消費者を満足させることによって競争に勝つことはできない。そのようなやり方は忘れてしまうことだ。消費者を最も満足させるのは、製品を無料にしてしまうことだ。

一方、一社あるいはそれ以上の競合を不愉快にさせる戦術は優れているに違いない。

日本における事例7 KDDI、ソフトバンクモバイル

激しい顧客争奪戦を繰り広げる携帯電話業界では、各社が新規顧客獲得のため、いろいろな料金プランを導入した。

通信大手のＫＤＤＩ（ａｕ）が月一〇九五円で他社へのメールも含めて携帯メールが使い放題となる新しい独自サービス「ガンガンメール」を発表したのもその一環である。メールに限定した定額・使い放題の料金は初めてであり、メールを頻繁に使うユーザーにとっては金銭的負担も軽くなる。そのため、メールを主に使う多くの新規顧客を惹きつけるはずであった。

しかし、自社の顧客流出を防ぐ意味からも競合が黙っているはずがない。ＫＤＤＩが発表して早くも四日後にはソフトバンクモバイルが基本料金を一〇九五円と同一に設定したメール使い放題の新プラン「シンプルオレンジＥ」を発表、さらに、その四日後にはマーケットリーダーであるＮＴＴドコモも料金を同水準に設定した新サービス「メール使いホーダイ」を発表した。ＫＤＤＩが先鞭をつけた定額で携帯メール使い放題のサービスはすぐに競合に真似され、わずか八日間でそのアイデアの優位性は消滅し、メールを頻繁に使う顧客だけが恩恵を受けたことになる。

これに対して、ソフトバンクモバイルが始めた「ホワイトプラン」は、料金プランの一種であるが、競合が簡単には真似できなかった点で「ガンガンメール」とは異なっていた。

「ホワイトプラン」とは、時間制限（一時〜二一時の間）はあるものの、ソフトバンクモバイル契約者間では、音声通話が無料となる音声通話定額プランである。ただし、ソフトバンクモバイル契約者間では通話は無料でも、ソフトバンクモバイルから他の携帯電話会社契約者への通話は有料である。「ホワイトプラン」を始める前月の携帯電話のシェアは、リーダーのNTTドコモが五五％、二位のKDDIが二九％、ソフトバンクモバイルは三位で一六％であった。この数字から推測できることは、ソフトバンクモバイル契約者同士（一六％）よりも、ソフトバンクモバイル契約者から他の携帯電話会社と契約している相手（八四％）に掛ける方が遥かに多いことである。そして、他社へのこの部分は有料なのである。

逆に、市場シェアの半分以上を握っているNTTドコモが、ホワイトプランと同じ料金プランで、自社の契約者間の音声通話を無料とする音声通話定額プランを採用すると、どうなるだろうか。ソフトバンクモバイルに比べると、他社への通話機会が圧倒的に少ない（つまり自社契約者間での通話が多い）NTTドコモにすれば、採算的にすぐに真似できる料金プランではない。シェア三位の（つまり他社への有料の通話の機会が多い）ソフトバンクモバイルだからこそとれた戦術である。

NTTドコモにとってみれば、真似をしたくても簡単にはできない、シェアトップであるリーダーの虚を突かれた戦術であった。競合が簡単には真似できないアイデアのみが優れた戦術となる。

実際、「ホワイトプラン」導入後約三週間で一〇〇万件の申込みがあり、約一一ヵ月後には一〇〇〇万件突破、この年の携帯電話契約数における純増でトップとなった。

「今月のおすすめフレーバー」的戦術を避けなさい

一般的に避けるべき戦術として「より多くの選択肢」がある。マーケティング実施計画全体を「今月のおすすめのフレーバー」的な考え方に基礎を置く企業がある。流行《はや》りの新しいフレーバーや拡張された製品ラインを一番買いそうなのは誰だろうか。当然自社の既存の顧客であり、競合の顧客ではない。その新しいフレーバーがたとえ競争志向上、何らかの影響を与えるとしても、すぐに真似をするであろうと思われるのは誰だか推測してみなさい。もちろん競合だ。

フレーバーなど先に占有できるものではない。ストロベリーアイスクリームを考え出したのは一体誰なのか。誰も知らない。新しいフレーバーは、市場でのポジションの先取りが可能な乾式複写のような分類と同じではない。

さらに、消費者にとってより多くの選択の余地があることはそもそも問題を内在している。一つは、どのフレーバーを買おうかとの混乱を引き起こす。二番目は手に入るかどうかだ。製品のフレーバーが多くなればなるほど、顧客の誰かが欲しがるフレーバーの製品が在庫切れとなる可能性が高くなる。

コークがコークだった頃、スーパーマーケットにコークが在庫切れなどということは考えられなかった。しかし、コークが、ニュー、クラッシック、ダイエット、チェリー、ダイエットチェリー、カフェインフリー、そしてダイエットカフェインフリーとなり、買いたいフレーバーのコークが在庫切れのスーパーマーケットが現われる可能性はずっと高くなった。

より多くの選択肢があることは、多くの製品にとって購入の決定を複雑にしてしまう。シボレーが一〇種類のモデル（戸惑うほどずらりと並んだ車体の型やエンジンのオプションにおいて）を提供している事実は、シボレーを買うことを少しでも容易にしているだろうか。

GMは、鼻にかけていたものだ。すべてのオプションの可能な組み合わせをすべて考えた時、一〇〇万もの違ったシボレーを注文できると自慢したのだ。

購入が決まったシボレーの新車の半分以上は、ディーラーのショールームで話がまとまって購入されるが、購入者の選択はさび止めの吹きつけやワックス仕上げ（をするかしないか）に限定されていた。

自社が競合でもある時

カテゴリーを支配している時、自らが競合であることが時々ある。カテゴリーを牛耳っている場合、自分自身を攻撃するような製品を売り出すべきだ。うまくやれば、一挙両得が狙える。ジレットがいい例だ。ジレットはブルーブレイドで一枚刃かみそり市場を占領していた。

その後、ジレットは自らをトラックⅡで攻撃する。「二枚刃は一枚刃よりよく剃れる」というのがトラックⅡの広告コピーだ。二枚刃かみそりの方がよく剃れると比較した一枚刃のかみそりは、自社のブルーブレイドであった。

さらにまた、ジレットはアトラという初の首振り二枚刃かみそりを世に送り出した。

「固定式の二枚刃かみそりで剃っているんですか?」

これがアトラの広告コピーであり、比較しているのは自社のトラックⅡ製品である。市場の五〇%を超えるジレットのシェアはマルチブランド戦略が奏功したことによるものである。

ジレットがトラックⅡを発売したその日、かみそり市場の五五%のシェアをジレットがもっていた。今日、ジレットはその市場のほぼ三分の二を占めており、シック、ビック、ウィルキンソン、その他の獰猛な競合をものともせず、見事な成果である。

ジレットの戦術をコカ・コーラの製品ライン拡張と混同してはいけない。コークの七つのフレーバーはすべてコカ・コーラの名の下で市場に出され、見込み客の心の中で混乱を招いた。

それぞれのジレット製品、特に主要なトラックⅡとアトラは、独自のブランド名をもっており、混乱を抑えている。もちろんトラックⅡとアトラは両方ともパッケージに少し小さな文字で「ジレット」と入れている(ジレットの名称を入れているのは流通段階において機能を果たしている。一つは、ジレットの社名はどこに注文すればよいのかを伝えている)。この点において、シボレーにゼネラルモーターズ（ＧＭ）の社名が付いているのと似ている。しかし、表向きに使われるブランド名はあくまでシボレーである。

単純は複雑よりも良い

見込み客の大部分は時間を取ってすべてを理解しようなどとはほとんどしない。単純なアイデアはより実行しやすく、見込み客はそのアイデアがより理解しやすいとわかる。ところが現実は、買いたいと思わせる単純なアイデアを見込み客に売ろうとするよりも、ずらりと並んだ目もくらむほどの複雑さで見込み客を印象づけようとする企業があまりにも多過ぎる。

数年前、ゼロックスは、オフィス機器市場で低下する評判を回復しようと、大々的な宣伝を定期的に繰り返し、ずらり並んだ新製品を世に送り出した。ニューヨークのリンカーンセンターにあるヴィヴィアン・ボーモント劇場を借り、そのステージに複雑に並ぶオフィスシステムを所狭しとずらりと並べた。まさに、技術で目をくらませる試みであった。

その結末は、心の中ではアッと思わせても、マスコミや見込み客を感嘆させるまでには至らない提案で終わってしまった。あまりにも複雑すぎて扱い切れなかったのだ。

なぜあのゼロックスの社員がこのようなことをするのだろうか。典型的なトップダウン型思考である。ゼロックスはオフィス機器事業で大手になるというコンセプトを市場に印象づけたかったのだ。

ずらりと並ぶ製品に埋もれてしまったのが、新型のコンピュータ風レーザープリンターであり、それはコピー機でもあった。この単純でわかりやすい戦術、つまりコピー機でもあるレーザープリンターであったならば、ゼロックスが実際に送り出したプリンターからコンピュータまでのずらりと複雑に並んだ製品に比べて、それ単体ではるかによく機能したであろう。

単純でわかりやすいという価値のよい例として、競合との差別化を模索していたラジオ局がある。聴取者はできるだけ早く最新の天気予報を知りたいと思っていることに気づき、放送時間中に天気予報の回数を増やす戦術を選んだ。その後、そのラジオ局はテレビに進出し、最新の天気予報をより頻繁に流すアイデアを促進した。

そのアイデアはうまくいった。もうそれ以上単純にはなりえなかったであろう戦術を使い、競争の中を順調に進んだのだ。

なぜ競合はその戦術を真似しなかったのだろうか。もちろん、しようと思えばできた。しかし、最初にその戦術を実行した放送局が常に有利になる。ただし、見込み客の心の中にそのアイデアを刻み込んでしまうくらい速いスピードで動くことが必要だ。

違うこと、必ずしもより良い必要はない

明らかに優勢な製品に対峙した時は、マーケティングのことは忘れなさい。

ゼロックス914普通紙コピー機を取り上げてみよう。そのコピー機は、スリーエムやコダックが販売している専用紙を使う熱画像式よりも明らかに優れていた。予想されたとおり、旧型のコピー機は普通紙式に一掃されてしまった（ちょうど、航空業界においてジェット機がピストンエンジン機を一掃してしまったように）。

マーケティングの原理を学ぶことが役に立たないことがある。この例のように、熱画像式を使用している製品で普通紙式の製品と戦わなければならない時だ。

戦争の原理を学んでも、原子爆弾をもたない国が保有している国と戦うならば、あまり役には立たないだろう。

幸いにも、明らかに優勢な製品はめったにない。BMWはボルボより良いのかを誰が答えられるだろう。しかし、両者は異なっている。

ボルボは「耐久性」を核とした戦略を築き上げ、六台の車を縦に積み上げる戦術をとった。BMWは「究極的なドライビングマシーン」を核に戦略を築き上げた。

BMWが対戦相手にした競合は、メルセデス・ベンツであった。両者とも高価なドイツ車であったが、メルセデスの方が先に登場して「優れた技術」というポジションを先取りしてしまった。

BMWは、より優れた技術を打ち出す手法で、そのゲルマン人のライバルと対戦すべきだったのだろうか。特許をとったヘミヘッドエンジン用燃焼室を訴求したキャンペーンでメルセデスを倒すことができただろうか。

「より優れた」とは主観的なコンセプトである。競合が優勢なところでその競合を攻めることを避けるのは常に得策である理由が、それだ。

ＢＭＷとメルセデスの違いは何なのか。違いは車にあるのではなく、ドライバーにある。年配のドライバーは社会的地位が確立された、より高価なメルセデスを好み、若いドライバーはより新しく、メルセデスより購入しやすい価格のＢＭＷを好む。

そして、若いドライバーがＢＭＷを好む他の理由に、メルセデスは年配のドライバーが多いということがある（これは、「ペプシ・ジェネレーション」という戦略が非常に効果的であった理由でもある）。

若いドライバーの本質的な特性は何なのか。彼らの運転はスタートダッシュが速い（近くの信号に行って、信号待ちをしている若いドライバーを見てごらんなさい）。ＢＭＷは若者のこの特性を利用することによって大成功した。

最近ＢＭＷは7シリーズのモデルを発表してメルセデスの領域に入った。ＢＭＷは焦点がぼけはじめており、その製品ライン全体の土台を削り取ってしまうことがありえる動きである。

コンセプトは製品よりもより良い

今日のマーケティングはコンセプトの戦いであり、製品ではない。戦術の本当の基準は、事業を推進していくコンセプトあるいはアイデアがあるかどうかである。シティバンクのCEOウォルター・リストンは「アイデアは米国の産業界にとって新しい通貨だ」と述べた。

コンピュータ産業は、コンセプトの能力を表す良い例だ。誕生以来初めて、IBMにオフィス市場で立ち塞がる競合が現われた。DECが小型コンピュータを販売する上で利用した「シングルオペレーティングシステム」という手法で特にやっかいな存在となった。

規模の面でもう一つの側にあるのが、「デスクトップパブリッシング」と呼ばれるコンセプトで躍進しはじめたアップルである。このアイデアは多くの利用者の想像力を捉え、数多くのマッキントッシュコンピュータをフォーチュン1000に販売する上で貢献している。

もし読者の皆さんがIBMのマーケティングマネジャーなら、この最近の競争に対処するために何をするだろうか。今までのところ、IBMは、かつて圧倒的な強さを誇っていた市場の支配権を再び取り戻すことを目指し、より良い製品、より一層の販売努力、現状打破の宣伝手法に従事している。

多いことは良いことだ、という手法をIBMよりうまくこなす企業は他にない（その手法はIBMの経営資源へとつながっている）。IBMは、一つや二つではなく、全く新しい世代のPCをいくつかまとめて発表した。また、広告でも一つ、二つではなく、五種類の異なる中型コンピュータシステムを宣伝しはじめた。営業部隊を大幅に増やし、数千の販売員を売り場に送り込んだ。最高経営責任者であるジョン・エイカーズ自らが顧客たちと会合をもち、IBM

は彼らの提案や不満をそれまで以上に聞くことを約束するような活動に加わった。

これまでのところ、これらすべての努力はＤＥＣやアップルの勢いを少しも減じてはいない。この二社はオフィス市場において好調さを示し続けている。

そして、ＩＢＭが「パーソナルパブリッシング」を導入したことは、ほとんど気づかれずにいたように思われる。アップルの「デスクトップパブリッシング」を熱狂的に購入し続ける企業があることからもわかる。

ＩＢＭの力と強さすべてをもってしても、ＩＢＭには一つの動きしか残されていない。それは明らかな動きである。

まず最初に、ＩＢＭはその戦いの本質を理解しなければならない。最初からずっと、コンピュータ戦争はアイデアとコンセプトの戦いである。

ＩＢＭは最初に大型汎用コンピュータで「データ処理」というコンセプトを導入した。ＤＥＣが「事務処理」をすることができる「小型コンピュータ」のコンセプトで、ＩＢＭの大型コンピュータのアイデアに対抗した。

その後アップルが家庭及び学校用の「個人向けパーソナルコンピュータ」というコンセプトに乗り、ＩＢＭは「オフィス向けパーソナルコンピュータ」というコンセプトを主張した。

他の競合もコンセプトを核として事業を作り上げた。ワングは「ワードプロセッシング」でうまくいき、クレイは「スーパーコンピュータ」で成功した。タンデムは「デュアルプロセッシングシステム」で飛躍し、コンパックは「小型ポータブルコンピュータ」というコンセプトで成功した。

大成功した企業それぞれに共通して見られる一つのことは、うまく乗っかるアイデアあるいはコンセプトがあるということだ。

ＩＢＭはコンピュータの歴史を読み切れなかった。近年では、コンセプトの手法から遠ざかってしまった。より多くの箱を送りだすような戦略をとっている。

ＩＢＭの広告を見てほしい。その戦略をうかがい知ることができる。ＩＢＭの広告はずらりと並んだ製品を取り上げ、「あなたが欲しい物は何でも揃っています」という提案を示している。「あなたにとって最も良いことを我々は考え出します」というのがＩＢＭの顧客に対する基本的な宣伝方法である。

この手法の弱点は顧客が自分では何が欲しいのかわからないことである。特に、ハイテクノロジーのカテゴリーではこのことが言える。顧客は自分がもっていて当然と思うものを購入する。そして、それが「シングルオペレーティングシステム」あるいは「デスクトップパブリッシング」のようなコンセプトであると思うならば、ＤＥＣやアップルの製品を買う。

ＩＢＭにとって唯一開かれている道は、ＩＢＭ自身のコンセプトでこれらの競合と戦うことである。

ハエが寄りつかない蜜はない

「ハエが寄りつかない蜜はない」と述べたのは、マキャベリが書いた戯曲『マンドラゴラ』に登場する人物であった。優位性として知覚されるどのポジティブな切り口にも、ネガティブの側面がある。

ポジティブな面を宣伝して売り込むのと同じくらい重要なのがネガティブな面を売り込むことだ。ネガティブな面に触れることは、戦術に信用を与えることになる。

商品を「ハンパもの」あるいは「B級品」として宣伝販売すると、販売はより効果的であることを百貨店は発見した。これらのネガティブな言葉は見込み客に低価格である理由を示す（店では、ハンパものの販売を長く継続するために「極上品」をおまけとしてつけることが知られている）。

ディスカウントストアがまったく同じ理由で自らを「ファクトリー・アウトレット」と呼ぶことがよくある。あるいは、意図的に安価なテーブルや設備を揃えて倉庫にいる感じを醸し出している。

チャールズ・シュワブがディスカウントオンライン証券会社を立ち上げた時、彼の会社にはお客様にアドバイスをする販売員や取引担当者がいないという事実を強調した。逆に考えれば、チャールズ・シュワブにはお客様に何かを売りつけようと電話をする者は誰もいないだろうということになる（うまくやれば、この方法でネガティブな面を売り込み、ポジティブのように聞こえる可能性がよくある）。

チャールズ・シュワブの広告は伝えている。

「どこに罠があるんだ。こんなに大きな手数料割引を受けるには何をあきらめればいいんだ」

「一つだけ罠があります。投資のアドバイスはしないことです」

他に秀逸な広告としてフォルクスワーゲンのものを紹介しよう。

「一九七〇年製のフォルクスワーゲン・ビートルは、奇妙なデザインのままでいます」これなど、なんと強力な声明だろう。ネガティブな事を認めると、見込み客はそれにポジティブな面を与えたい気持ちになる。

フォルクスワーゲンの購入者が放棄したものは最新のスタイルだ。引き換えに得たものは今後も変わらないという信頼性だ。

世界で最も高価な香水

ジョイの香水は、「世界で最も高価な香水」というキャッチフレーズを使っている。実際問題として、高価格は品質という戦術に信頼性を与える罠だ。

高価格はその製品に関して何を物語っているだろう。そのとおり。その製品は非常に値打ちがある。本質的に、高価格は製品それ自体に備わっている特権である（これは、上位クラスを狙って攻撃する多くの仕掛けが成功する上で動機づけとして最も強力な要因の一つである。三つだけ例をあげれば、メルセデス・ベンツの車、アブソルートウォッカ、グレイプーポンのマスタードなどである)。

適切な例としてアブソルートウォッカを考えてみる。スミノフよりも五〇%値段が高く設定されているが、驚くべき速さで成長している。四年で販売は四倍になった。アブソルートは今全米のウォッカ販売で四位にランクされており、年間一〇〇万ケース以上を出荷している(アブソルートは一時的な流行ではない。ウォッカ全体の販売量はここまで急速には伸びていないからだ)。

コモディティ(日用品)ではないどのような製品にとっても高価格が特権であるとすれば、どの製品もできるだけ高い価格をつけたらどうだろう。思っているよりもお金のある人たちがそこらへんにたくさんいる。そうしない理由は、価格と需要の関係が逆なことにある。つまり、価格が高くなればなるほど、需要は減ってくる。

ロールス・ロイスの車は「より高い価値」がある。価格が高いからだ。しかし、売れるのはほんのわずかである。理由は簡単、大部分の人がロールス・ロイスの車など買えるだけの余裕がないからだ。価格と需要のバランスを取らなければならない。安いフォードの車を一〇〇万台売った方が、高価格のロールス・ロイスを千台売るよりもずっと多くの利益をあげることができる。

価格は注意する戦術的要素の一つに過ぎず、他に考慮すべき多くのことがある。小型の製品でいっぱいのカテゴリーで、大きいサイズをベースに優位性として知覚される切り口を見つけるかもしれない。女性らしいブランドで支配されているカテゴリーで男らしい製品も切り口としてありえるだろう。

あるいは、ソニーがやったように、「小型」という観点から戦術を見出すこともできるだろう。あるいは、タバコブランドのヴァージニアスリムがやったように、「女性らしいブランドで」ということも可能だろう。

しかし、自社の組織内では優位性のある斬新なアイデアは見つからないだろう。見つけるためには、何よりもまず現場に出向くことである。

第6章 戦略を構築する

戦術を戦略へと転換する時がきた

テイクアウトのチェーン店であるリトルシーザーズピザは一枚買うともう一枚サービスする戦術を始めた。これは、ピザハット、ゴッドファーザーズそして他の競合チェーン店と戦うためにリトルシーザーズが選んだ戦術（つまり競争優位性として知覚されるアイデア）だ。

特売は期間限定であるのが普通だ。一日、一週間、一ヵ月続くかもしれない。試してもらうために使われる。見込み客にその製品を試す良い条件を与えるのだ。そうすれば、その一部は通常の価格でも長期的な顧客となるだろう。

それがほとんどの戦術にとっての一般的な運命である。潮の干満のように一時的だ。

しかし、リトルシーザーズは一枚分の価格で二枚という販売促進を継続することにより、その戦術を戦略へと転換していった。

重要なコンセプトは「継続性」である。戦術を戦略に転換するためには、時間という要素をつけ足さなければならない。戦術を組織構造の中に組み入れ、企業の重要な戦略コンセプト、あるいは企業の使命とする方法を見つけ出すことである。

「ピザ一枚買うと、もう一枚もらえる」というリトルシーザーズのスローガンは、首尾一貫したマーケティングの方向性となった。そして、このシンプルな戦略で、リトルシーザーズは最も成功したピザチェーンの一つとなったのである。

他のピザチェーンの多くは、メニューに一枚分の価格で二枚という条件を付け加えざるをえなくなった。しかし、これらの競争上の反撃は戦術の段階に留まっていた。例えば、ピザハットは一枚分の価格で二枚提供するチェーン店の運営形態に転換するだけの資金的余裕はない。もしそうすれば、主要な場所にある店の家賃、ぜいたくな座席、ウェイターやウェイトレスへの賃金、などを支払うことはできなくなるだろう。

リトルシーザーズはテイクアウト専門のチェーン店である。一枚分の価格で二枚というコンセプトを長期にわたって機能させるためには、家賃が安い場所や限られたサービスに焦点を絞らなければならない。

他のピザチェーン店で戦術を戦略にうまく転換したのはドミノ・ピザである。同社の事業を押し上げた戦術は三〇分以内の配達である。

伝統的なトップダウン型のプロセスでは「論理的」な順序で質問がなされる。

①どのような食べ物を売りたいのか。

②その食べ物を配達するのにどれくらいの時間がかかりそうなのか。

ボトムアップ型のプロセスはまさに逆である。戦術に焦点を合わすことにより、立案プロセスを上下逆さまにする。

三〇分以内の配達に適するにはどのような食べ物を販売できるのだろうか。

三〇分以内の配達を保証するために、ドミノはピザの大きさを二種類に減らし、トッピングの数も六種類に縮小した。飲み物もコーラだけを販売している。

戦術を戦略に転換する真髄は、社内あるいは製品に変更を加えることであり、取り巻く環境を変えようとすることではない。

戦術は競争力のある視点である。「一枚分の価格で二枚」でも「三〇分以内の配達」でも何であってもよい。そして戦術を戦略に転換する時に、課題は長期にわたって単一の明快さを維持することである。それは簡単なことではない。他の製品あるいはアイデアと合体させるためにその戦略を変更するよう迫られる。しかし、そのようなことをすれば、首尾一貫したマーケティングの方向性がもつ力を弱め、そして効果を弱めることになる。

通常、戦略から始める企業がほとんどだ。まず何をしたいのかを決め、その後で、その戦略的目標を達成するために必要な戦術を決めようとする。

石油会社エクソンは自社開発したＯＡシステムを外販したかったが、見込み客はそれをエクソンからは買いたくなどなかった。彼らが買いたかったのはＩＢＭやＤＥＣからである。

いや、こんなことは問題ではない。エクソンはＩＢＭとＤＥＣを合わせてもそれを凌ぐ収益をもつ巨大石油会社である。エクソンだったら数百万ドルの広告実施計画を実行して、見込み客にエクソン製品の品質とその目的を達成するための誠意を確信させるだろう。

しかし、エクソンチームは失敗した。市場を変えることなどできないのだ。市場が何を買いたがっているのか、それに同調するために自分自身を変えなければならない。そしてそれ以上に重要なのは市場が誰から買いたがっているかである。

言い換えれば、機能する戦術を最初に見つけ出すこと。大掛かりな広告実施計画とて、単純明快で効果的な戦術の代わりとはならない。

首尾一貫したマーケティングの方向性

単一の戦術から始め、その戦術を戦略に転換する時、マーケティングの仕掛けは一つに限定すべきである。そのプロセスは首尾一貫したマーケティングの方向性に帰着する。

ボトムアップ・マーケティングのプロセスは、多くの世間一般の戦略を排してしまう。あまりにも一般的で、あまりにも多様で、あまりにも困難で実行できない戦略は、ボトムアップで考えると自動的に除外される。

大部分の企業戦略は現実に基づいていない。それらの戦略は、本当の意味で実行可能とは言えないのだ。

「高級車市場でリーダーとなりたい」

これはGMにとってのキャデラックの販売戦略のようだが、この種の考え方は上位クラスの乗り物のフルラインにつながる。その一方で、小型セダンのシマロンから二人乗りオープンカーのアランテまで製品ラインを揃えたが、両方とも戦術的に理にかなっていなかったため、戦略的に完全な失敗となった。

あまりにもおおまかで、あまりにも楽観的で、あまりにも一般的な戦略はしばしば戦術的な誤りを引き起こし、そこからなかなか抜け出せなくなってしまう。しかし、戦略が間違っていた時、誰がその代償を払うのだろうか。その戦略を考案したのは司令官ではないことが普通だ。戦略を戦術的に実行することを命じられた現場の指揮官たちが、通常ひどい目に合う。

ロナルド・レーガンは、イラン・コントラ戦略の罪で起訴されなかった。

しかし、その戦術を実行した者たちは、それほどついてはいなかった。オリバー・ノース、ジョン・ポインデクスター、リチャード・シコード、そしてアルバート・ハキームが起訴された。

単一の動きによる力

ボトムアップから始めると、一つの戦術と単一の戦略に帰着することになるのは間違いない。言い換えると、単一で強力なマーケティングの動きに集中せざるをえなくなる。

これがボトムアップ手法の最も重要な結果であり、優れたマーケティング思考の最も重要な部分である。

トップダウン型で、戦略からスタートして、それから戦術を作り上げていくと、多くの異なる戦術で終わってしまうのが常である。もちろん、その戦術のほとんどは効果がないことがわかる。どうしてこのようなことが起こりえるのだろうか。それらの戦術が、機能するからという理由で選ばれたのではなく、その戦略を「援護する」ために選ばれるからだ。

さらに、多くの異なる戦術が存在することにより、総合的なマーケティング実施計画が首尾一貫性のないものとなり、それにより効果的ではなくなってしまう。

なぜマーケティング担当者は二つの動きは単一の動きよりも優位だと思うのだろうか。ボクサーは左手と右手の両手を同時に使って攻めるだろうか。軍司令官は前線のすべての地点を同時に攻撃するだろうか。そんなことは決してない。マーケティング司令官は市場全体をあらゆる製品を使って狙うだろうか。答えは「イエス」だ。彼らは常にそうするが、決して効果的などとは言えない。

すべての現場で同時に連打することを信条としている企業は、一日の仕事時間は一二時間あるいは一六時間あると思っていることもまた常である。

彼らの信条は、他人よりも多くの時間働くことが成功の秘訣だということだ（気がつかないかもしれないが、レンタカー大手のハーツはかなりの差をつけてまだエイビスの前を行っている)。

しかし、一二時間あると思っている多くのマーケティングの役員にとって、希望は永遠にわき出てくる。彼らの部下はともかく他より優れており、もう少しの努力、あるいはもう少しの製品改良、あるいはもう少し良い広告で、真実は明らかとなり、競合は打ち負かされるという信念にしがみついている。

彼らの戦略は、カテゴリーのリーダーと同じだが、それよりほんの少しだけ優れたことをしようとすることから成り立っていることがよくある。しなければならないことは、戦うために選んだ場所がどんな所であっても、他よりほんの少し懸命に戦うことだけだ。そうすれば、すべてがうまくいくだろう、と述べている司令官のようだ。

より一層の努力がマーケティングの成功の秘訣ではない。

まさに逆であることを歴史は物語っている。成功する司令官は状況を調査し、敵が最も予期しない大胆な一撃を探し求める。そのような一撃を一つ見出すだけでも難しい。複数見つけ出すことは大抵不可能である。

軍事学者であり『戦略論』の筆者でもあるリデル・ハートはこの大胆な一撃を「最小予期線」と呼んだ。

連合軍の侵攻はノルマンディーであり、その潮流や岩の多い海岸の地形から判断してどのような規模の上陸であっても選ばれそうもないだろうとドイツ軍が思った場所であった。

マーケティングにおいてもそうである。競合が攻撃されやすい場所は一ヵ所だけのことはよくある。そして、その場所に侵攻軍全軍が集中すべきである。そこが、戦略へと進展させていくために探し求めている戦術なのだ。

戦術が見つかれば、ボトムアップの観点から戦略を構築していかなければならない。戦術を選び、その戦術をうまく利用するための実施計画に企業全体の経営資源を当てることを断言しなければならない。

GMを迂回して走行する

自動車産業は、興味深い適例である。何年もの間、そのリーダーの主な強みは製品ラインの中でも中位クラスの大衆車にあった。

GMは、シボレー、ポンティアック、オールズモビル、ビュイック、キャデラックのようなブランドで、フォード、クライスラー、アメリカンモーターズによる正面攻撃を簡単に撃退してしまった。大々的な広告キャンペーンも全く功を奏さなかったフォードのエドセルが典型的な例である。

そして、GMの優勢は伝説となったのである。

マーケティングにおいて、軍と同様にうまくいくのは、予期せぬ戦術である。

カルタゴの将軍ハンニバルはアルプス越えを成し遂げたが、そのルートは登ることが不可能だと考えられていた。ヒトラーはマジノ線（訳注：主にフランスとドイツの国境に築かれたフランスの対ドイツ要塞線）を迂回し、アルデンヌ地域を通って機甲師団をフランス領内に侵攻させたが、その地域は戦車で横断することなど不可能であるとフランス人司令官は考えていた（実際には、ヒトラーはそれを二度行なった。最初はフランス侵攻の時であり、二度目はバルジの戦いの時である）。

第二次世界大戦以降、ＧＭに対して二つの強力な動きがあった。両方ともＧＭのマジノ線を迂回する動きだった。

日本車がトヨタ、ダットサン（訳注：北米での日産車の呼称）、そして、ホンダのような小型車で下位のクラスを攻めてきた。

ドイツ車はメルセデスやＢＭＷのような最上位車で上位クラスを攻めた。ＧＭから領地を十分に獲得するという観点からは他の動きなどなかったという事実を歴史が示している。

日本車とドイツ車の攻撃が成功したことで、ＧＭは自社の製品ラインの下位と上位を補強する対策に経営資源を割くことを迫られた。

支出を増やさず、利益を維持する経営努力の中で、ＧＭは中位クラス大衆車の多くを同一の車体スタイルを使って製造するという致命的な決定をした。これは、典型的なトップダウン型の戦略的決定であった。この後すぐに、シボレーと他の車種であるポンティアック、ビュイック、オールズモビルとを見分けることは誰にもできなくなってしまった。どの車もそっくりになってしまったのだ。

この動きはGMの中位クラス大衆車を劇的に弱体化してしまい、フォードに仕掛けを施す機会を与えてしまった。フォードは、ヨーロッパスタイルのトーラスやセーブルで突破してきたのだ。

ボトムアップの観点からGMの状況を見ると、その問題に対する戦術的解決方法は明らかである。GMは、それぞれの価格帯において異なる車名と異なる外観が必要なのである。

その戦術を戦略に組み入れる時、結局はアルフレッド・スローンのGMに対する本来のコンセプトに戻ることになる。スローンが創り上げたものをCEOのロジャー・スミスは変えるべきではなかった。

「我々はGMのシステムを使っている」と考えることもできるかもしれない。「それぞれの価格帯に違った車種がある。ただ、それぞれに違った名前を付けていないだけだ。GMの社名を使っているのは、その方がより効果的だからだ。我々の関心は、GMの車をどのように市場に浸透させていくかだ」

できはしない。この戦略がボトムアップの観点から構築されていないからだ。そして、競合に対して優位性と知覚される視点、つまり機能する戦術に基づいていないからだ。

それは、とてもちっぽけな事柄のように思える。それぞれの製品に異なる名前をつけるという。しかし、戦術とはすべてちょっとしたことなのだ。

戦略が金槌ならば、戦術は釘である。貫通は釘によってなされるのであり、金槌によってではないことに注目してほしい。

世界で最も強力な金槌（すなわち戦略）をもっていても、金槌が適切な釘（すなわち戦術）を打っていなければ、マーケティング実施計画は機能しないだろう。

GMの戦略的な力すべてを結集しても、ビュイックレアッタと呼ばれる車ではBMWに打撃を与えることはできないだろう。戦術が間違っている。

「単なる名前じゃないか。ちっぽけなことだ」と思っているかもしれない。

そのとおり。戦術はちっぽけなことで、それを大きな戦略に組み入れていくのだ。マーケティングを信じがたいような成功に導けるのは、素晴らしい逆転発想的プロセスなのだ。

GMのきらびやかだった時代は終わった。それは容易に判定できることだ。

コカ・コーラの真の問題

コカ・コーラとペプシコーラとの間で続行中の戦いを見てみよう。犠牲の大きいペプシとの塹壕戦から逃げだすために、コカ・コーラは何ができるだろうか。

現在、コカ・コーラはクラシックとニューコークの二つの製品で、二つの前線を戦っている。クラシックがその本来の強さを大方取り戻す一方、ニューコークはかろうじて生き延びているという状態だ。

どのように「かろうじて」なのかを例証すると、一九八八年の秋でのその二つのブランドの合計シェアは、コカ・コーラ単体の一九八三年と比べてもまだ下回っている。一九八三年とはその大混乱が始まった年だ。

それ以来コカ・コーラは、永遠に続く戦術的アイデアの行列を通じて、ペプシコーラの若者志向である「ペプシ世代」に対抗して前進しようと試みている。

毎年コカ・コーラの異なるスローガンを見てきた。

「あなた好みの味を」「本物の選択」「新たな波を捉えろ」（一九八六年ニューコーク用）

「赤、白、そしてあなた」（一九八六年コカ・コーラ　クラシック用）

「その気持ちに打ち勝てない」（一九八九年）

これに対して、「ペプシ世代」というコピーは二五年も続いている。

コカ・コーラの戦術的アイデアはどれも受けなかった。今後もしばらくは、このようなアイデアのオンパレードが続くと予想できる。

今すぐにでも、コカ・コーラの指揮官たちはアトランタ本社の会議室に行列を作って押し寄せ、一連の新しいスローガンを書いた紙を壁に張ることだろう。コカ・コーラの最高幹部はそれから会議室に入って席につき、次の取り組みに合意するまで、独創的な仕掛けについて最新のアイデアの数々を議論するだろう。だが、それは「あなた好みの味を」のように特徴のないフレーズと同じ運命をたどることになるだろうと我々は予測する。

コカ・コーラは、アトランタ本社にいてもその問題に対する解決策を見つけ出すことはできない。現場に出向くことだ。

見込み客の心の中を覗き込むと、コカ・コーラがとるべき仕掛けは一つしかないことがわかる。その仕掛けには二つの面がある。一つは一歩後ろに下がること。もう一つは一歩前進すること。

まず、コカ・コーラは毅然とした態度をとり、ニューコークの販売をやめる必要がある。理由は、ニューコークが敗者となった、あるいは恥であるからなどではない。ニューコークの存在そのものが、見込み客の心の中に築いた戦術上の優位性を、コカ・コーラが使うことを事実上妨げてしまうからだ。ニューコークをアーカイブに安全に終いこんでしまうことで、コカ・コーラは「本物」というコンセプトを甦らせることができるだろう（コカ・コーラを考える時、それが本物だと思わないだろうか）。

このコンセプトを（高まる需要によって）甦らせたならば、コカ・コーラは「ペプシ世代」に対抗し、ペプシコーラを冷蔵庫から一掃してしまうポジションに納まる。

引き金を引くために、コカ・コーラがしなければならない唯一のことは、テレビを使ってペプシ世代にこう伝えることだ。

「いいかい、若い君たち、押し付けたりはしない。しかし、本物を試してみたいなら、君たちのために本物を用意してあるよ」

それはペプシ世代の終わりを告げる始まりになるだろう。どの親も言うように、一〇歳を超えた子供は偽物なんて欲しがらない。彼らは本物を求める。野球のバット、バービー人形、ジーンズ、スニーカー、そしてコーラのどれであっても。

社内を変えろ、市場ではない

コカ・コーラの状況はボトムアップ・マーケティングの重要な側面を例証している。戦術を戦略に組み入れることにおいて、自社製品及び自社に変化を加える覚悟が必要である。市場に変化を強要することなどできない。

マーケティング戦術は心の中で知覚される視点が重要である。心の中で機能しなければならない。心の中に潜んでいる一つの揺るぎないアイデアは、コカ・コーラは「本物」だということだ。コカ・コーラはニューコークをやめるべきで、理由はニューコークがその強力な戦術的アイデアの土台を削り取っているからだ。

しかし、人間のエゴが邪魔になることがしばしばある。ニューコークをやめることは、ビジネス社会に対してコカ・コーラが間違いを犯したという告白になるだろう。また、アトランタ本社にいる連中は、彼らが認めた敵であるペプシコーラが最初にそれを指摘するであろうことを知っている。そして、それは手紙や電話での形ではなく、たぶん、全国紙の一面を使った広告でなされるだろう。

コカ・コーラはその影響による損害を食い止めなければならない。「昨日を防御することは、明日を創り出すことよりもはるかに危険だ」とはピーター・ドラッカーの言葉である。

優れた戦略は、待ってましたとばかりに一つの要素を追加されてしまうことが時にありえる。そして、その要素がコンセプトの戦術的な力を無効にしてしまう。

仮に読者の皆さんがホリデイ・インの社員で、マリオットホテルやハイアットホテルと競争するため、新しいタイプのホテルに関わる戦術と戦略を作り上げたとしよう。そして、上位クラスにふさわしいホテル名、クラウンプラザを考えついた。悪くない。

しかし、驚くなかれ、ホリデイ・インの最高経営責任者あるいは彼の取り巻きの何人かが、そのホテル名に企業名を付けて「ホリデイ・イン　クラウンプラザ」とすることを望む。

おっと！　上位クラスのホテルのアイデアではなかったろうか。クラウンプラザの名前はホリデイ・インの大衆的レベルまで引きずり降ろされてしまう。

この手法が上位クラスを狙ったマーケティング実施計画の戦術的な力を減じてしまうことに経営陣は賛成さえするかもしれない。戦略が最初で、戦術はその次なのだ。皆さんはより一層の努力を強いられる。

経営陣は企業戦略の文書を引き合いに出してこの決定を正当化する。文書には「我々はホリデイ・インの名前を自社が所有するすべての物に使うことにより我々の強みを最大限に活用する」と書いてあるのだ。

この種の決定に異議を申し立てても大抵むだだ。「それは戦術的に些細なことだ。もう少し頑張れば、それで何とかなる」とホリデイ・インの経営陣は言う。

それは違う。戦術が戦略を決定するのだ。マーケティングの戦いにおける戦術的側面は些細なことから成り立っている。釘がまっすぐでないと、戦いは負けてしまうように。

戦略を構築する時に、企業レベルの考えによって戦術を変えさせてはいけない。ほんのちょっとした変更でも金槌が釘を正確に打てなくなってしまうことが時にある。

日本における事例8 ドトールコーヒー

日本で最初にセルフサービス方式のコーヒーショップを創り上げたのは、ドトールコーヒーである。その第一号店は、東京・原宿の駅前に一九八〇年にオープンした。ヨーロッパスタイルを模範にした立ち飲み中心の一五〇円のコーヒー店であった。一杯一五〇円（戦術）という、当時の喫茶店の価格の約半値でコーヒーを提供するために、一等地に出店して立ち飲み中心の高回転にし、一人でも多くの人に利用してもらう戦略を取った。また、お客様に多く来てもらうためには、満足のいくサービスを提供しなければならず、そのために、働く従業員の労働負担を少なくし、彼らが笑顔でサービスできるようにセルフサービス方式を採用した。

第二次オイルショックなどで可処分所得の減少が続くビジネスマンなどにとって「おいしいコーヒーを気軽に立ち寄って飲める」ことが受け、店舗数も確実に増えていった。

そこに参入してきたのが、アメリカで大ヒットしたスターバックスである。一九九六年に東京・銀座に第一号店を開く。同じセルフサービス方式のコーヒーショップであったが、最高級のコーヒー（戦術）をおいしくゆっくり飲めるように、コーヒー豆以外にもバリスタや店内禁煙、居心地の良いソファーなど店のサービスや空間にもこだわる戦略を取り、最高のコーヒーショップとした。その戦略が、「ちょっと高くても、落ち着いた雰囲気の中でゆっくりと最高のコーヒーを味わいたい」というコーヒー愛好家を惹きつけ、日本でも急成長した。

ドトールコーヒーにすれば、セルフサービス方式のコーヒーショップ市場の上位クラスをスターバックスに奪われる格好となってしまった。“スタバ”ブームで、スターバックスの店舗が急速に拡大していく中、皆さんがドトールコーヒーのマーケティングマネジャーだとすると、どのようにスターバックスと戦っていくだろうか。

「安くてうまいドトールコーヒー」「ちょっと高いが最高のスターバックス」と、顧客の心の中にはそれぞれのポジションが出来上っている。ドトールコーヒーブランドでスターバックスから上位クラスの顧客を奪い返すのは難しいことは、ここまで読んでこられた読者の皆さんには一目瞭然であると思う。

ドトールコーヒーがスターバックスとの対抗上とった策とは、ドトールコーヒーとは全く異なる、むしろスターバックスによく似た新業態の店を開発することであった。そして、ドトールコーヒーの優れている点は、その新業態の店にドトールの企業名をつけなかったことである。ドトールとは関係のない「エクセルシオール　カフェ」とネーミングし、ロゴマークもドトールと全く異なるものを使った。

もし、エクセルシオールに、ドトールの名前をつけて、「ドトール　エクセルシオールカフェ」としたら、どうなったか。ホリデイ・インの例にあるように、この場合は新業態の店が上位クラスを狙ったとしても、顧客の心の中では安くてうまいドトールの大衆的レベルまで引き下げられ、スターバックスの直接の対抗馬にはならなくなってしまう。つまり、上位クラスを狙った戦術的な力が減じられてしまうことになる。

ホンダがアメリカ市場で最高級車を導入する際、ホンダという名前を使わず、「アキュラ」というブランド名にし、販売網も従来のホンダとは全く別にした。これによって、シビックなどの大衆車的イメージの強いホンダの影響を受けずに高級車としてのポジションを確立し、アメリカで日本製高級車の第一号となった。上位クラスを狙うアイデアが優先されるべきであり、戦術が戦略を決めるのである。

エイボンの戦略構築のケース

経営を多角化したいという衝動が、米国の産業界では基本的推進力になっている。多くの点で、それが多数の企業にとっての支配的な企業戦略である。さらに、多角化の衝動はいかなる状況においても存在する。

事態が順調に進んでいる時は、企業は「自らの企業資産あるいはブランド資産価値を最大限に利用するために」事業を拡張したいと思う。事態が悪くなってくると、芝生がより緑に輝く他の牧草地に入って事業を拡張することを望む。それらの戦略は両方とも典型的なトップダウン型による行動であり、両方ともいつものように問題を引き起こす。

「事態が順調に進んでいる」時の戦略は我々が「ライン拡張の罠」と呼んでいる方向へと企業を導いていく。また、「事態が悪くなっている」時の戦略、つまり新分野への多角化も、ライン拡張と同じくらい多くの問題を引き起こしえる。

エイボンは後者の良い例である。エイボンは化粧品の訪問販売という基幹事業で状況が悪くなっていた。そこで、外へと関心が向き、香水の会社を二社買収した。

状況が厳しくなる時

不運にも、「状況が厳しくなれば、本当に強い者が成功する」という格言を人生の指針としている最高経営幹部はほとんどいない。

彼らには昔から有名なこの格言の彼らなりの解釈がある。それは次のようになる。

「状況が厳しくなれば、去るべき他の誰かを探せ」

便利に使われる社員何人かが事態を好転させようとして犠牲になった後、経営の次の段階へと進み、市場は頭打ちの状態にあると役員に告げられる。市場が変わってしまったため、昨年までのような全盛時に戻ることは期待できない。したがって、塀の向こう側に企業が進むため、種がばら撒かれる。

次に知り及ぶのは新規の買収である。経営陣は、芝生がずっと緑色に輝いているとわかる周辺の市場に焦点を合わす。

これらすべては、基幹事業にとって悪い前兆である。他のマネジャーたちは、最高幹部が興味を失ったと感じ、個人的な利害を注意深く再確認しはじめるからだ。大胆な新しい仕掛けは前面には出されず、企業は「収穫」のモードに移り、そこでは投資よりも収益をあげる方にかなりの重点が置かれる。

縮小する事業の現実に直面しなければならないことが時にある。しかし、その事業が一時的な流行の上に成り立っているのでなければ、一晩のうちに事業が消えてなくなってしまうことはない。他の企業がすでに支配している新しい市場を追いかける時には、フライパンの上からさらにもっと熱い火の中へ入って飛び跳ねることになる。すでに自社が支配している基幹事業を大幅に向上させるために資金を使った方がよい。

コースを変えることは、まさに自社の縄張りにある好機を見逃してしまうことにつながる。

エイボンでございます

エイボンの物語に今まで述べてきたことのいくつかを見ることができる。化粧品の訪問販売において長くリーダーであるエイボンは、事態が厳しくなりはじめていることを知った。この種の製品の多くが、それほど頻繁には行くことができない百貨店から、いつでも手軽に立ち寄れるドラッグストアや小売チェーン店で販売されるようになったからだ。

それに加えて、主婦が日中には家庭にいなくなったため、あの有名な玄関の呼び鈴には応えなくなった(「ピンポーン、エイボンでございます」)。

徐々に、小都市の目抜き通りにある店への直販はその魅力を失いはじめた。そのカテゴリーが頭打ちとなり、「成熟期」に入ったからだ。

この状況が一つの契機となり、エイボンは、きらびやかな五番街で塀越しに、高い利益率を誇る二〇億ドル規模の高級な香水の小売市場で何が起こっているのかを調べはじめた。

エイボンは実際に見たものに抵抗できなかった。すぐさま、カトリーヌ・ドヌーヴの香水を小売店で売り出すことや、高級芳香剤のジョルジオ社の買収をたくらんだ。数ヵ月後、男性用香水のペリーエリスや女性用のオスカー・デ・ラ・レンタ、ラッフルズ、そしてバレンティノのマーケティング会社であるパーヒュームズ・スターンを買収した。

その論理は完璧だった。百貨店で売られるデザイナーズ香水へのエイボンの動きは役員会議室で売り込むには難しくはなかった。家にいる女性はだんだんと少なくなっている。彼女らは外に働きに出て、そして、働く女性は以前にもまして、自由に使える所得が多い。

その芝生はずっと緑色に輝いていた。エイボンの美容グループのトップであるジェイムズ・プレストンは、次のように述べたと言われている。

「一三〜一六％の税引き前の利ざや、そして二〇％台後半の高い自己資本利益率を他のどこで見出すことができるだろうか」

読者の皆さんがエイボンのマーケティングの新しいマネジャーに任命されたとしたら、どうするだろうか。どこに重きを置くだろうか。

足元にある問題に直面する

皆さんの挑戦は並大抵ではなしえない。最初に、エイボンの新しい競合であるエスティローダーやカルバンクラインは、このファッション志向の流行の先端を行く事業では古手だ。二番目は、デザイナーズ香水の販売はここ数年頭打ちにある。三番目は、上流階級向けのデザイナーズブランドの販売促進や広告のスタイルは、エイボンの通常の業務とは大きく異なる。売り込みにおいては神秘と空想という要素が支出と同じぐらい高い。

もし成功したいならば、この困難な取り組みに皆さんのかなりの注意が払われなければならないのは明らかだ。

このことが進む一方で、基幹ビジネスはどうなるだろうか。エイボンでは化粧品ビジネスが最も大きな割合を占めているので、その質問は非常に重要である。

エイボンは最近勢力を失っている。エイボンの化粧品のシェアは三三％も下がった（市場シェアが一二％から八％に下がった）。

その新しい香水事業の買収がもたらす好機にもかかわらず、皆さんはまず自分自身の注意を自社の基幹事業である美容製品に向けようとするのではないか。

皆さんはどこから出発するだろうか。基幹事業を引っ張っていく戦術はどこで見出すことができるだろうか。

エイボンとは何か

言うまでもなく、見込み客の心の中から出発する。そして、「エイボンとは何ですか？」という基本的な質問をすることから始める。あるいは、もう少し正確に言うと、「エイボンとは製品ですか、または、販売チャネルですか？」

エイボンはその両者であることは明らかだ。しかし、焦点の原理が働きはじめる。「エイボンは製品、または販売チャネル、どちらとしてより広く認められていますか？」

エイボンに対する一般の人の知覚はまだあの有名な表現「ピンポーン、エイボンでございます」に要約されると思うかもしれない。

エイボンは非常に多くの異なる美容と装飾用の製品を表すようになったので、エイボンはメーカーというよりも販売チャネルとしてより認識されていると感じるかもしれない。たぶんそれは正しい。

エイボンは家庭や職場で美容製品を購入する機会を象徴している。

エイボンが販売チャネルであるとしよう。幸いそれはエイボンの独自性でもある。

通常の流通チャネルであれば多くの異なるブランドのシャンプーを買うことができるが、エイボンのチャネルはただ一つのブランドだけが自宅に配達される。

皆さんの知覚が正しいのであれば、戦術はそのエイボンのチャネルを売り込むことを核として構築されなければならず、エイボンの製品を核としてではない。

広告ではチャネルをより重要とすべきだ。玄関先で一度に、エイボンの訪問販売員は数多くの異なる製品を売ることができる。うまくいけば、それらの中には最も大きな利益を生む製品もあるだろう。

エイボンが野暮ったい印象あるいは知覚をもたれているならば、それはエイボンの訪問販売員のせいに違いない。結局、販売員は会社を代表しているのである。鍵となる質問は、「訪問販売員をどのようにポジショニングし直すか」である。つまり、見込み客にエイボンチャネルを探し求める理由を示すために、訪問販売員が提供するものをどのように高めるか、だ。

このようなことを行えば行うほど、顧客がエイボンの訪問販売員から購入する美容製品の比率を上げる機会がますます多くなる。

競争相手を見る

戦術とは顧客や見込み客の心の中で競合に対して優位性と知覚される斬新な視点である。エイボンがチャネルであるならば、エイボンの競合相手は誰だろう。他のどんなチャネルがエイボンと競合するのだろうか。主な競争相手が二つ存在する。

①百貨店。価格を重視しないならば、女性は百貨店に行き、メーカーの販売員と座って、欲しい化粧品を話し合って選ぶことができる。

②ドラッグストア／雑貨店。価格を重視するならば、女性は量販店に行き、欲しい物を見つける。サービスは提供されない。

三番目のチャネルがエイボンである。エイボンに代表されるのは利便性だ。女性はエイボンの訪問販売員に電話をするかエイボンのカタログを見て、欲しい物を見つけることができる。そして、エイボンが配達する。

低下している市場シェアから判断して、他の二つのチャネルがその戦いを制しているようだ。エイボンがシェアを挽回したいのであれば、百貨店と量販店の中間を行く方法を見出さなければならない。百貨店が提供している美容アドバイスの一部をドラッグストア／雑貨店が提供している価格にかなり近いところで提供すべきである。

ここで、実際に同じ戦術的コインの表と裏であるとも言える提案を二つ見てみよう。

①エイボン個別美容相談員(略してPBR = Personal Beauty Representative)

この手法はカタログ配布人や御用聞きに代わってエイボンの販売員を個別美容相談員(PBR)とすることが要求される。宣伝がこの役割を知らしめる上で重要な要因であるように、トレーニングが大きな要因となる(この部分がPBR戦術を推し進めていく上での戦略である)。提供される製品や色の多さのため、化粧品は消費者の心の中で大きな混乱を起こすと推測するかもしれない。PBRコンセプトはこの問題に取り組むことができるだろう。

②エイボン美容コンピュータ(略してBC = Beauty Computer)

PBRに関連して、エイボンの販売員を真の意味で個別美容相談員にしうる技術がある。皆さんだったら、著しく好成績をあげている販売員に美容コンピュータ(BC)をもたせることを考えるかもしれない。肌の種類や髪の色などプログラムされたこの小型のコンピュータによって、PBRは「お客様、こんなにキレイになります」を実現する製品をスムーズに選べるようになるだろう。

現実問題として、BCは大型汎用コンピュータあるいは各地域の小型コンピュータに電話線を使って接続されるコンピュータ端末でありえる。販売員を助けることに加えて、そのエイボン美容コンピュータはチャネルを売り込むために役立つ強力な宣伝上のアイデアとなりうる

（宣伝上の戦術が事業の戦略を推し進めるべきである）。

本質的には、美容コンピュータはエイボンの販売員を単なる販売部員ではなく、むしろ個別美容相談員に高める働きをする。美容コンピュータはすでにエイボンが取り組んでいることを発見するかもしれない。これは驚くべきことではない。明白なアイデアであるからだ。それよりも、問題はそのコンセプトに対する企業の公約である。

言い換えれば、戦術を戦略に組み入れるためには、膨大な時間と膨大な量の財政的資源が要求されるだろう。ここが、そのコンセプトが座礁してしまう恐れのある領域である。

ボトムアップ型の思考で、エイボンの最高幹部にジレンマの角を突き刺したことになる。役員にデザイナーズ香水に大きな投資をすることを提案した後、今度は新しい技術やトレーニングに投資する資金獲得のため、企業の金庫へと向かう別の旅を求めているのである。

役員の誰かが、限られた経営資源で両方の活動にどのように資金を出すことを経営陣は考えているのか、と尋ねるかもしれない。新しい小売りの取り組みは深刻な質問に直面し、いくばくかのきまり悪さを引き起こすかもしれない。

これらの恐れが最高経営責任者の心の中を走り抜けるならば、皆さんはエイボンでの新しいマーケティングの仕事を失ってしまうかもしれない。

第7章 変更を加える

戦術を戦略に組み入れることは例外なく変更を加えることを意味する。エイボンの例のように、加えなければならない変更点は市場そのものではない。変えなければならないのは、自社あるいは自社商品である。

何が変えられず、何が変えられるのか。市場は変えることができない。マーケティング上取り組んでも市場の構造や顧客の購入様式はたいして変えることはできず、見込み客の心を変えることなど実質的には不可能である。

それなのに、マーケティング担当者は、広告を使えば人間の行動を変えることができると信じている。それは扉を開けっ放しにして雨天を晴天に変えようとするようなものだ。

マーケティング担当者は外部の変化に抵抗することがしばしばある。彼らはシェイクスピアの忠告「何よりもおのれ自身に忠実であれ」を肝に銘じている。彼らはこれらの言葉が『ハムレット』に登場する宰相ポローニアスによって発せられたことを忘れているが、皆さんはポローニアスに何が起こったかを知っている（彼はアラス織の壁掛けに隠れたところをハムレットに刺された）。

市場を変えようとする

トップダウン型の戦略計画立案はほとんどの場合、市場のしくみを変革させようとする。その計画がなかなかうまくいかないのは、その変革が可能ではないからだ。

多くのトップダウン型のマーケティング計画は、見込み客の心の変容を促すことができないことにより、大きく頓挫してしまう。コンピュータ業界で大手となろうとするゼロックスの壮大な戦略は、ゼロックスはコピー機を意味し、コンピュータを意味するものではないという強固に確立された認識に背骨を挫かれてしまった。

「我々はその認識を変えることができる」とゼロックスの上層部は述べた。

否、そんなことはできない。数十億ドルかけてもゼロックスは未だにコピー機を意味する（結局は、ゼロックスにとってコピー機を意味することは良いことなのである）。

ボトムアップ・マーケティングの本質は顧客の心のうちを理解し、自社内部を変えることである。ある紳士服店の店長の模範的な言葉がある。

「青いスーツを望む方のためには青い照明を点けるといい」

これは、本当は茶のスーツの方が似合うのに、お客様本人が青いスーツを欲している場合、そのとおりにするのがいいということだ。

名前を変える

時が経つにつれて、時代遅れとなる名前がいくつかある。例えば、ウエスタンユニオンを取り上げてみよう。一八五一年創業のこの会社は、電報を初めて世に送り出した。このことにより、一〇年後には馬による郵便配達業のポニー・エクスプレスを廃業に追いやることになった。

創業から一〇〇年しても、ウエスタンユニオンの事業の核は電報であった。それからさらに時代は移り、ウエスタンユニオンは最初の通信衛星を打ち上げたのであった。このことにより同社は、電報事業を経てイージーリンクというコンピュータコミュニケーションサービスで電子メールの先駆けとなった。

その新しい電子サービスのすべてを始めるために、数百万ドルが使われたが、その後ウエスタンユニオンに対する一般の人々の認識はどうなっただろう。そのとおり、自転車に乗って電報を配達している少年のイメージのままである。

今の事業を顧客に理解してもらいたいなら、ウエスタンユニオンは新しい名前に変えるべきなのだ。

しかし、社名を変える代わりに、ウエスタンユニオンは広告コミュニケーションを強化する道を選んだ。企業広告に数百万ドルをかけ、加えてその新しいサービスを広めるために数百万ドルが使われた。

一九八四年の春、ウエスタンユニオンの会長は「我々の新しいサービスであるイージーリンク、電子メール、ワールドワイドテレックス、エアフォン、そして無線電話などにより、我々は業界の中心にいる。過去から受け継いでいる事業を継続して経営していく一方、新しいサービスの安定した流れを引き続き促進していくつもりだ」と述べた。

しかし、その安定した流れはずっと無益であり、ウエスタンユニオンは西にゆっくりと沈み続けている。二〇世紀に一九世紀の名前が付いた企業の苦労話に関するニュースをもっと知りたいのであれば、ウォールストリート・ジャーナルを読み続けることだ。

的外れの名前

名前は見込み客の心の中にあるものに合わせる必要がある。ウエスタンユニオンの名前のように、的外れのことがしばしばある。

エイズウイルスの増加で、AYDSダイエットキャンディーの売上げは五〇％下がった。解決方法……名前を変えること。

アレゲニー航空は、その名前をUSエアに変えるまでは何の価値もなかった（乗客はこの航空会社を「苦悩（Agony）の航空会社」と呼んだものだが、このことは助けにはならなかった）。

アルフォンソ・ダブルッツォは名前をアラン・アルダに変えて初めてテレビでの仕事を得る

ことができた。

ハロイド社が普通紙複写機を売り出す前に、その名前にゼロックスを加えた。

ラルフ・リプシッツは名前をラルフ・ローレンに変えて初めてあらゆる商品が売れるようになった。

まぐろは商魂たくましいボストンの販売店がツナフィッシュと呼ぶことを決めるまで、あまり売れていなかった。

研究者はＲＣＡの電子機器に三洋電機のラベルを貼り、九〇〇人にそれをＲＣＡのラベルの付いた同一製品と比較させた。七六％が三洋ラベルの付いた製品の方が良いと答えた。

見込み客の物の見方と戦ってはならない。代わりに名前の灯をともしなさい。

サンボのレストランチェーンは、その名前のために争うこととなった。サンボは一時期千以上も店を構えるアメリカ最大のコーヒーハウスであったが、結局倒産した。人種差別的あるいは性差別的な名前は、今日では成功しないだろう。もし名前がそうであるならば、変えなさい。

戦略に組み込んでいく戦術と現在の名前がうまく合わないのであれば、その名前を変えなさい。これは、ボトムアップ型プロセスの戦略的側面の重要な要素の一つである。

名前の変更は考える以上にごく普通のことだ。最近一年で社名を変えたアメリカの企業は一七五三社にものぼり記録的な数である。

日本における事例 9　レナウンインクス

商品の名前を変更して大成功した有名な事例として、レナウンインクスの「通勤快足」があげられる。『足が蒸れにくくニオイも防げる快適な靴下』という戦術の下、この男性用抗菌靴下は一九八一年に「フレッシュライフ」という名前で売り出された。初年度は順調に滑り出したが、その後徐々に売上げが落ち込み、戦略の見直しを迫られることになる。

販売低迷の原因を追究する中で、愛用者からの製品自体に対する評価は高く、機能的には優れていることが実証されたものの、「フレッシュライフ」では優れた機能が顧客に明確に伝わらず、販売が低迷しているという結論に達した。

つまり、顧客の心の中で、戦略に組み込まれる戦術と製品名とがうまく一致していないのである。レナウンインクスは、これに気がつくと名前を変更するために、新しい名前を広く社内で公募した。

数多くの名前が集まったが、決定的なネーミングまでには至らなかった時に、宣伝担当者のひとりが雑誌広告に使った「フレッシュライフで通勤快速」というキャッチコピーから閃いたのが「通勤快足」であった。当時、JR中央線や京王電鉄で「通勤快速」電車が登場して、時代性もあり、また何よりも、「快足」が製品の戦術（防臭抗菌靴下）を簡潔に言い表し、水虫や足の臭いを気にしているビジネスマン（多くは通勤電車に乗る）の心をつかんだ。

この名前に変更して売り出した一九八七年の売上げは八億円で、変更前の年の九千万円の約九倍、さらに翌一九八八年には二二億円となり、爆発的なヒットとなったのである。ライズとトラウトが述べるように、市場を変えることはできない。変えなければならないのは自社品（この場合は製品名）なのである。

製品やサービスを変える

製品やサービスを変えることは、戦術を戦略によって長期的に確固たるものにするために必要な最も一般的な方法である。

銀行を例に取ってみよう。ある銀行は自動車ローン事業でおもしろい戦術を見つけた。競合が自動車ローンの審査を処理するのに四八時間かかるのに対して、この銀行では二四時間で済む。

半分の時間で処理が済む自動車ローンは競争の激しい銀行業界ではまずい戦術ではない。しかし、その事業の性質を考えると、長期にわたって独占的に行えるサービスではないだろう。

これが常に戦術の宿命である。戦術が機能しなければ負け組となり、うまく機能すれば真似される。

その銀行は独自の二四時間内審査という戦術を戦略へと転換した。銀行業務のプロセスを速めるために手続きすべてを変え、決済権を各支店のレベルまで降ろした（例えば融資チームの一つは、一千万ドルまでの融資の裁量権が与えられたことで、その融資の審査のため、メンバーが毎日顔を合わせるようになった）。

いったんこのような変更が整うと、その銀行は自らを「スピード感がある銀行」としてポジショニングするマーケティングプロモーションを始めた。

その一つが、「時は金なり」という広告プロモーションだ。また別の広告は「お客様は期日どおりに必要書類を提出して銀行側を待たせてはいけません。同様に、銀行側も書類審査に長い時間をかけてお客様を待たせてはいけません」と訴えた。

スピード感がある、というコンセプトを先に占有してしまうことにより、その銀行は競合がそのコンセプトを真似することも防いだ。

競合は戦術を真似ることに良心の呵責などない。アメリカン航空によって初めてマイレージサービスが導入されたとき、画期的なサービスとして顧客に受け入れられた。だが、その後間もなく他社もそれに追随したことで、アメリカン航空の差別化は一時的なものに終わった。

しかし戦略は違う。優れた戦略は真似をすることが難しい。

製品の統制ができないと、多くの企業にとって、戦術的「製品」の成功を長期の企業戦略に転換する機会を失ってしまう。

例えば、ソニーは五インチの軽量ポータブルテレビ「タミーテレビ（Tummy TV）」によって、小型家電メーカーとしてのポジショニングを得る可能性をもっていた。しかし、四八インチの投影型機器を含む大型テレビセットに突然取りかかってしまった（フォルクスワーゲンが全く同じ間違いをした）。「小型を手に入れたのだから、次は大型も手に入れよう」ということが、結局は何も手に入れないで終わる破目になってしまう。

価格を変える

製品の心理的価格が確立されてしまうと、それを変えることは難しい。自動車購入者の心の中ではキャデラックは五万六千ドルのアランテを売ることはできない。自動車購入者の心の中ではキャデラックは五万六千ドルもする車ではないからだ。

アブソルートウォッカは七五〇ミリリットル瓶が一二ドルもする。より高い価格が必要だからであり、価格を無視しているわけではない。アブソルートが自社の製品をスーパープレミアムウォッカとしてポジショニングするためには、高価格は不可欠なのだ。

正しく値段が付けられたもう一つの製品は、バリーの靴である。バリーはアメリカのシューズ市場において上位クラスで知られている。バリーの母国であるスイスを訪れると、興味深い事実をいくつか発見することになる。バリーの靴は高くもなく、安くもない。バリーはすべての価格帯で靴を作っている。上位クラスの戦術をとることで、バリーはアメリカ市場で効果的な戦略を構築することができた。

奇妙なことが、ビーフイータージンで起こっている。そのジンの発祥の地であるイギリスでは低価格品である。アメリカでは、新たな低価格のジンが心の中に入り込む余地などなかった。そこで、アメリカではビーフイーターは高価格のジンとして登場した。その高価格政策は成功をおさめ、毎年一〇〇万ケース近くも売れている。

心を変える

心というのは、この世で変えることが最も難しいものである。知覚した一連のものを「忘れ」そして別のものを「思い出す」ことを含んでいる。

読者の皆さんは、何かを忘れようとしたことがあるだろうか。

皆さんの人生で最も恥ずかしかった瞬間は何だろうか。誰かが皆さんを深く傷つけるようなことを言っただろうか。

そんな瞬間は忘れなさい。しかし、できない。それが、心を変えようとする問題の本質なのだ。

さらに、心を変えようとするプロセスは逆の結果をもたらすことがよくある。以前に固まった意見をさらに強固なものにしてしまう傾向がある。

リチャード・ニクソンが「私は辞めない」と言った時、一般市民はそうは思わなかった（ニクソンがそうであったように、辞めないと四度も言う人間もいつかは辞めることになるのは明らかだ)。

誰かが皆さんに向かって「私は正直者です」と言えば、逆を考えないだろうか(彼が不誠実である、と私が考えている、と彼は思っているに違いない。でなければ、彼はなぜそのように言うのか)。

我々はこのような現象を「逆の暗示」と呼ぶ。皆さんが言うことは、その逆を意味する。出張から帰ってきて、出張中はお酒も飲まず、外をぶらつきもしなかった、などと配偶者に言えば、夫あるいは妻は何を想像するだろうか。

エクソンは、オフィス機器事業を縮小しないと顧客に信じさせようとするために、「約束」を宣言する広告を実施した。

「覚えておいてください、皆さんがエクソンから機器を購入する時、皆さん方の将来に対する我々の約束を買っているのです」とその広告は伝えていた。

その広告を見た人が思ったことは、「エクソンが事業から撤退すると顧客が思っている、と彼らは考えているに違いない」ということだった。そしてエクソンは実際にそうしたのだ。

IBMはOA化に対する彼らの約束を公表する広告など掲載していない。もしIBMがそうすれば、逆に顧客は心配しはじめるだろう。

マーケティングのメッセージが何をほのめかすかを詳細に調べるべきだ。そのメッセージの意味を逆にとってみて、それが暗に意味したいことと本当に一致しているのかよく見てみることだ。どの声明も逆の意味を含んでいるので、かん高い声で訴えかけてもほとんど機能しない。読んだり見たりする人はそのメッセージをあまりに簡単に逆にとってしまうものだ。

車の販売店が「猛烈に車が売れていて」と金切り声を出す時は、見込み客は逆に「車がたくさん売れていると私が思っていない、と彼らは考えているに違いない」と心の中で思う。かん高い声で訴えることが広告やマーケティングでは機能しないのであれば、何だったらうまくいくのだろうか。

すでに心の中に存在している、競合に対して優位性となる斬新な切り口を見つけることだ（それはネガティブなものでもよいかもしれない）。それが、売り込みをする上での戦術であり、機能するのである。

心を変えようとしてはいけない。

第8章

戦場を変える

もし戦況が有利ではないならば、戦場を変えることだ。戦争のこの格言は、マーケティングにおいても利用できる。

第二次世界大戦の初期、ダグラス・マッカーサー元帥率いる太平洋方面作戦はうまくいっていなかった。マッカーサーは、バターン半島、コレヒドール島、フィリピンでの戦いに敗れた。さらに、日本軍の真珠湾攻撃により主力艦八隻を失い、グアムやウェーク島での降伏、そして、ミッドウェイ海戦も敗れる寸前だった。また、オーストラリア侵攻の恐れもあったのだ。

このような状況の下、日本軍と正面から対戦する代わりに、マッカーサーは自らの兵力を「島から島へと渡り歩く」軍事行動に転換し、太平洋での戦闘の形勢を変えた。

マッカーサーは朝鮮戦争でも同じことをした。釜山から攻め込む代わりに仁川に上陸する側面攻撃を決行、そして一気に北朝鮮軍を破り、中華人民共和国との国境まで北上した（彼はやり過ぎたかもしれない）。

戦場を変えることは軍隊ではよく使われるが、企業の司令官は心地よく感じていないように思われる戦術である。

ビジネスの戦場では、上司がむしろ諦めずに、そこでとことんまで戦うだろう。彼らは「我々に必要なのはより良い一層の努力のみ」という戦略を信条としている。

もっと一般的な「より良い」の例をあげると、より良い製品、より良い広告、より良いセールストレーニング、より良い価格、などがある。

企業の計り知れない時間と労力を会議に費やし、事態をより良くすることを目指すのだ。しかし、市場シェアは回復しないことがよくあり、事態は少しも良くならない。

現実と向き合うことだ。戦いに勝つことはできず、勝利の機会は敵の方に動き始めているという事実を認めなければならないことが数多くある。

「司令官にとって、ずる賢さよりも洞察力の方が必要で役に立つ資質である」とクラウゼヴィッツは述べている。

戦いが膠着状態であっても、死傷者の数が増え続け、戦果が得にくいような犠牲の多い塹壕戦に捉われることを軍司令官はひどく嫌う。それが、司令官が事態を好転させようとしてすばやく策略をめぐらすことがよくある理由だ。

死に馬を鞭打つ

全く逆のことがビジネスでは起こる。経営陣は騎兵隊を送り続け、同じ丘をかけ上らせる。進展がないことに文句を言うかもしれないが、負けを進んで認めることはめったにない。「できる」という態度は企業では高得点を取るが、「敗北主義者」はやる気のないチームプレーヤーとしてのレッテルを貼られ、低い得点しか与えられない。

筆者の一人は自らこのことを例証する体験をした。ユニロイヤルタイヤのマーケティングに携わっていたときのことだ。

重要な経営会議で、グッドイヤー、ファイヤストーン、グッドリッチ、そしてミシュランのようなタイヤメーカーとの乗用車用タイヤ戦争にはまず勝つ見込みはないとマーケティング担当として示唆したのである。

ユニロイヤルタイヤは乗用車用タイヤでは赤字であったため、トラック用タイヤへ戦場を移すことが求められていた。なぜなら、トラック用タイヤは多くの利益をもたらしていたからだ。しかし、この示唆は部屋中の経営陣から冷たい視線を注がれ、その示唆に対する最低限の感謝の印が示されただけで、また、従来のタイヤメーカーとの戦いに戻った（トラック用タイヤへ移ることはユニロイヤルタイヤにとって悪いアイデアではなかっただろうということを歴史が示している。なぜなら、乗用車用タイヤの赤字は膨れ上がり、ついにその会社は合併して消滅せざるをえなくなってしまったからだ）。

経営陣が戦場を変えることを大いに渋るのは、変化が求められるという事実のせいだ。人々が変化に対して心地よく思うことはめったにない。

このように変化に対して気が進まないのは、昔からの次の格言に基づいているのだろう。

「手中の一羽はやぶ中の二羽の値打ちがある（明日の百より今日の五十）」

その古い格言はあいにく、誰かがあなたの手からそれらの鳥を取り上げてしまうという事実に全く対処していない。したがって、それらのまだ手を付けられていない二羽を見つけるために、出来るかぎり早くやぶの中に入っていった方がよい。

すべてのマネジャーが変化に対して気が進まないわけではない。成功している戦術的な変更には少なくとも四種類あるようだ。

ターゲットを変える

タバコはかつてはブランドを男性にも女性にも同様に訴求していた時代があった。そしてその頃、フィリップモリスはマルボロを女性用タバコブランドとして売り出したのだった。

しかし、マルボロは女性用のブランドとしては成功しなかった。そこで、フィリップモリスは焦点を男性に変更して、イメージキャラクターにカウボーイを登場させた。このことが奏功し、今日マルボロはタバコでは世界ナンバー1ブランドである。

数年後、フィリップモリスは女性用の市場に再度参入を試みた。そのブランドはヴァージニアスリムとネーミングし、瞬く間に大成功となった。成功は単にタイミングの問題ということが時にある。

タバコでうまくいったことは、車でもうまくいく。昔の話になるが、ポンティアックは中高年向けの地味なファミリーカーであり、デソート、オールズモービル、ビュイック、そしてマーキュリーといった地味な車が競合だった。

六〇年代になり、ジョン・デローリアンがポンティアックの経営を執行することになった。ポンティアックが焦点を当てていたターゲットを家族から若者へと移したのはデローリアンの素晴らしいアイデアであった。それによりGTOやルマンのような車が生まれ、ポンティアックは売れ筋街道を走りはじめた。

未だにポンティアックは若年の自動車購入者に、わくわく感を作り上げている。何年もの間、ポンティアックはGMの最も成功した事業部なのである。

若者層という枠を超えてポンティアックを購入する人もいる。焦点を若者へ移したことで、考え方や行動を若くしたい年輩の購入者をも惹きつけたからだ。

車でうまくいくことは、コーラでもうまくいく。若年層へ移った別の成功例は、ペプシ世代を心に刻み込んだペプシコーラの仕掛けだった。ペプシは、年輩の人たちには彼ら自身で変わってもらう一方、若者にはマイケル・ジャクソン、ドン・ジョンソン、そしてライオネル・リッチーを使って目をくらませた。

ペプシコーラの仕掛けは十代の若者は自分独自の物を欲しがるという観察に基づいていた。彼らは他人が気に入っているような物は欲しがらない。

もし皆さんの家に十代の子供がいるならば、自分自身でそれを証明することができる。子供が家にレコードを持ち帰ってきた時、どれでもよいから一つ選んで、「この曲好きなんだ。お気に入りのグループだよ」と言ってごらんなさい。子供はそのレコードを二度とかけないだろう。

もちろん、若者という枠を超えてペプシは飲まれている。ペプシ世代はすべての年齢の若者に訴えている。自分が四八歳だと思いたい五五歳もペプシを飲む。

また、ペプシ世代へのこの変更が成功したことで、ついにコカ・コーラにニューコークを上市させたのだ。そのニューコークとは、ペプシ世代をへこますだろうとコカ・コーラが望んだ、従来品より甘い製品だった（コカ・コーラが取ったその行動は自らの評判をへこますだけだった）。

これは、戦術的な変更がもたらす副次的な効用の良い例である。戦争でもビジネスでも、変更が実施されて成功すると、競争相手は対応せざるをえなくなる。

競争相手がへたに対応し、かつて強固に築いたポジションを自ら無力にしてしまうことが時々ある。これこそ、新たにつけこむ機会を提供してくれる。

戦術を見出す方法の一つは、類推によってである。つまり、ある状況で機能する戦術は別の状況でも機能する可能性が高い。

例えば、ペプシコーラのパターンはバーガーキングに適用できる。ペプシと同様、バーガーキングはマクドナルドに次ぐナンバー2ブランドである。マクドナルドはハンバーガー市場の心をつかんだ強力なマーケティング企業だといえる。バーガーキングが戦場を変えたのは八〇年代前半である。マクドナルドに打ち勝とうとする代わりに、「直火で焼きます。揚げません」と呼ばれるコンセプトでマクドナルドを動揺させようとした。

「直火で焼きます。揚げません」というコンセプトは効果的な戦術であるが、優れた戦略ではない。それは情緒的なレベルまで高められていないからだ。それこそ、優れた戦略でしか維持できないレベルなのである。その戦術は心にしっかりと打ち込まれる必要がある。

いくつかの点で、直火焼きというアイデアはペプシチャレンジと似ている。両方とも戦術的な違いを表している。

ペプシの場合、十代の若者に訴える味が甘ければ甘いほど愛飲家が増え、ペプシ世代は「より甘い製品」という戦術が戦略的かつ情緒的に高められたものである。

同じアイデアがバーガーキングにとって逆に機能しえる。コカ・コーラを飲むヤングアダルト層にとって、どんなハンバーガーブランドが適するだろうか。

マクドナルドに目がないのは子どもたちである。お店に行けばブランコや滑り台、そしてドナルド・マクドナルドが幼児たちに熱狂的にウケている。

このような観察によって、バーガーキングにとってターゲットを変える機会を見出すことができるのだ。ただし、若年層に訴えるペプシの手法を使う代わりに、バーガーキングにとって明らかな戦略はヤングアダルト層に訴えることである。

「大人になったらバーガーキング」というのが、直火焼き戦術が戦略的に進展した形である。直火焼きの戦術を大人になったらという戦略に転換させるために、バーガーキングはいくつかの変更を加えなければならないだろう。まず店舗内のブランコや滑り台を撤去する。さらに、メニューから子供用を外す。

こうしたうえで、「大人になったら」の戦略を実行する。

例えば、高校での入学式に、新入生がハンバーガーを奢ってくれる上級生に出くわす。

「マクドナルドで？」とその新入生は上級生に問いかける。

「小学生じゃあるまいし」と上級生の一人が言う。

「マックは子供の行く所さ。バーガーキングに連れて行ってやるよ」と上級生のもう一人があざ笑う。

しかし、このように焦点を絞る手法はビジネスを大きく犠牲にするのではないだろうか、という疑問を抱く。結局、ファストフードのハンバーガー店では、子供から大人まで幅広い層の顧客を網羅することになるのである。

ターゲットが市場ではない

マーケティングの勝利のいくつかは、単純明快な事実を認めることによって得られる。その事実とは、**コミュニケーション戦術上のターゲットは必ずしも市場と同じである必要はない、ということだ。**

この原理を示す良い例としてマルボロの広告がある。もし皆さんが火星から地球に降り立ってマルボロの広告を見たとしたら、アメリカにはカウボーイが住んでいると思うだろう。または、カウボーイはタバコをよく吸うと思うだろう。

その広告はそのブランドのタバコを吸っているカウボーイだけを示している事実にもかかわらず、マルボロは男性と同様に女性の間でも、ナンバー1のタバコブランドとなった。このことからも戦術上のターゲットと戦略上の市場とは異なることがわかるだろう。

ターゲット側からすれば、広告は自分に向けられたものとしては受け取らない。むしろ、その広告メッセージから、彼らが自らの日常生活において利用できるアイデアやコンセプトを抜き出す。しかし、その抜き出されたアイデアは個人的なものであり、広告が伝える本来のメッセージとは相反するかもしれないのだ。

喫煙は男性にも女性にも、男らしい行為と思われている。だから男性は、男らしく振る舞うためにタバコを吸う。だから、男性的である象徴としてカウボーイを広告キャラクターに採用しているのだ。

タバコやアルコール飲料において象徴主義の力を認めるマーケティングマネジャーも、彼ら自身の製品には拒否することがしばしばあるだろう。彼らの製品には象徴主義的な手法はあまりにも行き過ぎだと信じているからだ。

しかし、それは違う。市場全体を狙って万人に受ける製品などほんの一握りだ。大部分の実施計画は、ターゲットとする聴衆を絞ることによって、その限られた聴衆に情緒的に訴える機会を得て、それによって優位性を生みだす。もう一度言うが、それが焦点を絞ることによる威力である。

コーラ戦争におけるペプシの戦術は、市場全体を狙うよりも核となる層をターゲットとする有利さを例証している。

コカ・コーラの強さはその伝統にある。歴史上世界でたった七人しかコカ・コーラの製法を知らない。そしてその製法はジョージアの信託会社の金庫室に鍵をかけてしまってある。コカ・コーラ一〇〇年の伝統は、齢をとればとるほど、以前にも増してコカ・コーラを飲むことになることを同時に意味している。逆に、若ければ若いほど、ペプシコーラを飲むことになるだろう。

市場のある一部分にターゲットを狭めることにより、ペプシは兄弟の対立につけこむことができた。年上の兄がコカ・コーラを飲むならば、年下の弟は何か違った物を飲みたい。

ペプシ世代は市場の核となる部分をターゲットとする優位性も併せ持っている。十代の若者は他のどんな年齢層よりも多く清涼飲料を飲む。ある意味では、コーラは十代の製品である。いろいろな取り組みの後、結局ペプシコーラを飲むのは誰なのか。誰もが飲む。つまり、すべての年齢層が相当な量のペプシを購入する。

「コカ・コーラの復活」という物語を新聞で読んだかもしれない。しかし、数字が現状を物語っている。現在、コカ・コーラはアメリカで一〇対九でペプシコーラに競り勝っているのだ。

理論的には、マーケットリーダーはナンバー2を二対一の割合で圧倒すべきだ。戦いを接戦に持ち込んでいることは、ペプシにとってこれ以上ないほど心理的には勝っている。

同じ原理はバーガーキングにも当てはまる。十代のターゲットが市場を壊してしまうようなことはないだろう。ハンバーガーは十代の若者の食べ物である（実際にはどんな年齢の子供にも提供されている）。バーガーキングは教養のある十代の若者に訴えるハンバーガー店である（実際のところは年齢など関係ないのだが）。

ターゲットが市場とはかなり違うように目論まれている製品は他にも多くある。

若者向けのファッション雑誌「セブンティーン」には、特に一七歳の少女をターゲットとした雑誌名と編集の上のポジションがある。

しかし、「セブンティーン」を読んでいるのは誰だろうか。一三、一四、一五、そして一六歳の女の子で、彼女らが読者である。女の子の多くは一七歳になったら「セブンティーン」をもう読まなくなってしまうのが普通だ。

ヴァージニアスリムは、解放された女性そして既存の物には満足できない、あたらしもの好きの女性をターゲットとしたタバコである。どの広告も二五歳くらいの「時流に乗っている」女性をイメージしている。しかし、実際の市場は、そのようなライフスタイルを熱望する中高年の女性であり、ヴァージニアスリムの平均的な喫煙者は四五歳ぐらいであることが多い。

ヴァージニアスリムもセブンティーンも、「そうありたい」という熱望に訴えているのであり、現実に訴えているのではない。

コルベットは十代の少年たちの心の中に確固たるポジションを確立している車であるが、全盛期を過ぎた人がこの車の市場である。

ジョンソン&ジョンソン社の「ジョンソンベビーシャンプー」はその名に反して大人のユーザーが多い。それなら、製品名を「ジョンソンエブリバディシャンプー」に変えた方がいいだろうか。

もちろん違う。大人が「ジョンソンベビーシャンプー」を使うのは、それが赤ちゃん用に開発された肌にやさしいシャンプーだからである。赤ちゃん用とはそれぐらい肌にやさしいという意味のメッセージであり、赤ちゃんが戦略的な市場ではない。しかし、すべての人に訴えようとする多くのマーケティング担当者はこのことを理解しない。

皆（エブリバディ）が買う製品を誰が買いたいと思うだろうか。誰も買わない。

ブランドを変える

あるカテゴリーで場違いな製品を販売していることを悟らなければならないことが時々ある。例えば、ラジオ局の聴取者獲得競争で、もし皆さんが「ソフトロック」のジャンルに三番目に参入するならば、深い溝にはまって動けなくなってしまう。しかも脱出する選択肢もほとんどなく。

このような状況を打開する最善の方法は、競争がそれほど厳しくない別の音楽ジャンルを見つけ出すことにある。そして、そのラジオ局に付けられたコールサインを新しくし、新しいジャンルの音楽で戦場を変えてしまうことだ。

これはまさに、ニューヨークで最近起きたラジオ戦争の事例に見られる。NBCのソフトロックを流す放送局であるWYNY-FMは、大人に受ける音楽の番組構成で八〇年代初期に人気を博した。その貢献度は最高の評価にまでなり、その放送局を競争の厳しいニューヨーク市場で二位に押し上げるのに十分であった。利益は年間六〇〇万ドルであった。

しかしその後、敵が躍り出てきた。全米トップ40の放送局であるZ-100が、WYNYの聴取者のうち、若者層をむしり取ったのだ。さらに、年輩層はWLTW-FMの「ライトミュージック」局の方へ移ってしまった。

あいにく、WYNYはその戦いにあまりにも多くの時間を費やしてしまった。アッと言う間に年間で二五〇万ドルの損となった。

そこでWYNYは戦場を変えることにした。ソフトロックからカントリーミュージックへと移ったのだ。理由は、その当時ニューヨークにはカントリーを流す放送局がなかったことだった。すぐに、その聴取率は一ポイント以上跳ね上がった。黒字への転換の気配がある。

「ブランドの変更」でもう一つの成功は非常に競争の厳しい映画産業で起こった。

ウォルト・ディズニーはG指定映画（一般向けで誰でも見られる映画）の王様である。ただ、ディズニーにとって不幸なことは、セクシーな表現に寛容な映画産業では、ちびっこ以外はこれ以上G指定映画を見たいとは思わないことである。だから、PG指定（保護者の内容検討が望ましい映画）またはR指定映画（一八歳以上など年齢制限のある映画）に多額のお金が集まるのだ。

このような状況の下、ディズニースタジオは、ディズニーフィルムと呼ぶいくつかの資産を使って大人向け映画の世界へと大胆に乗り出した。もっともミッキーマウス的映画からは長い道のりだったが。

しかし、大失敗だった。

ディズニーがすぐに気づいたのは、ディズニーという名前から来るイメージが十代の若者や大人を遠ざけてしまったことだった。彼らはウォルト・ディズニーが創り上げた子供向けのファンタジーよりも、もう少しきわどい内容の映画を求めていたからだ。

それから、ウォルト・ディズニーの義理の息子であるロナルド・ミラーが「ブランドの変更」をする戦略を思いついた。彼は、タッチストーンピクチャーと呼ばれる大人向けのブランドを作った。

『ビバリーヒルズ・バム』『スリーメン＆ベビー』『ロジャー・ラビット』といった作品によって、タッチストーンは大成功を収めることになった。

ウォルト・ディズニーは現在二つの有力な会社からなる。一つは家族向けのディズニー、もう一つは大人向けのタッチストーンである。

焦点を変える

成功をつかむには果断に行動しなければならないこともある。率直に言うと、事業のいくつかを犠牲にしてでも自らの取り組みを絞らなければならない。

焦点を変更することは、ゼネラリストからスペシャリストへ移ることを意味する。事がうまく行けば、より大きな事業さえも創り上げることになる。焦点を変更することは、「過ぎたるは及ばざるがごとし」的マーケティング手法とも呼ぶことができるだろう。

かなり前だが、地方の小さな家具店に問題が起こった。その家具店はラブファニチャーという名前であった。ラブファニチャーは、椅子、ソファー、エンド・テーブル、コーヒー台など、中価格帯の家具全般を販売していた。

しかし、家具の世界は変化していた。レビッツのようなディスカウント大型店が市場に参入してきた。レビッツのような家具全般を扱い、スピーディーに配送するディスカウント店を打ち破るのは難しいであろうことは理解していた。

そこで、ラブファニチャーは焦点を絞ることに決めた。化粧台、キャビネット、といった壁に配置する家具の取扱いをやめることにした（これらは納期が長いことがネックだった）。そして、椅子やカーテン、クッションなどの室内装飾品に焦点を定めた。

しかし、焦点を絞っても、それが名前に反映されなければうまくいかない。この課題についての明快な答えが、「ソファアンドチェア」という店舗名の変更である。ラブファニチャーはその新しい名前を店に初めて使い、かつてない最高のオープニングとなった。

この種の焦点の変更は、もう少し大きな規模で見ると、インターステイトデパートの物語に例証される（その企業の新しい名前がトイザらスと聞けばわかるだろう）。

そのとおり。むかし、非常に成功していたこの小売百貨店は、ディスカウントストア戦争に巻き込まれて苦しい戦いをしていた。インターステイトはトップスや倒産しかかっている他のチェーン店に手こずっていた。

その後、インターステイトは初期の段階にあるトイザらスを買収しておもちゃ小売店として再登場した。

その後のことは歴史が物語っている。

どれほど歴史的な快挙を遂げたのか。トイザらスは現在三五〇店舗を抱え、一三〇億ドル規模のおもちゃ市場の二〇%以上も支配している。この場合、より少なくしてずっと多くのものを得たことになる。

流通を変える

興味深い戦場の変更は、流通の伝統的なチャネル利用の余地がなくなることによって引き起こされることがある。言い換えると、流通の新しいチャネルを加えることによって売上げを増やそうとすることだ。

流通における戦術的な変更の成功例はパンティストッキングに見出される。

何年間もヘインズ社は、百貨店のチャネルではパンティストッキングの大手だった。しかし、カテゴリーが拡大し、低価格ブランドまたは百貨店のプライベートブランドと競争していることに気がついた。

ヘインズは価格を下げるのだろうか。その決断は高品質としての知覚を帳消しにしてしまう。あるいは、低価格の別ブランドを売り出すのだろうか。

たぶん、どちらでもない。価格戦争を勝ち抜くことは難しいと認めて、流通の変更を展開した。

スーパーマーケットのチャネルに二番目の戦地を設けた。そこでは以前はパンティストッキングは売られていなかった。同じように重要なこととして、新しいパンティストッキングの製品に、スーパーマーケットで売られているように聞こえる名前を付けたことだ。

その新製品は、レッグスと呼ばれた。ヘインズは、実際の卵が店に置かれるのと同じように、卵型のパッケージにしてレッグスを店に置いた。

この施策により、パンティストッキングの大型ブランドが生まれ、大成功した。

同様の成功事例は、レジでも見出すことができる。ナショナルエンクワイヤラー誌をはじめとする雑誌は、レジ脇に置かれたことで販売部数を増加させた。

人目を引く見出しで有名なそのタブロイド誌は、駅や街頭などの売店からスーパーマーケットへと流通を変えた。同誌のセンセーショナルな見出しは、売店では他のきわどい新聞や雑誌に埋もれて、あまり目に付かないだろう。

事務用品でも同じ戦術的変更が見られる。クイルやリライアブルのような多くの大型ディスカウント店が、店員を通してではなく、ダイレクトメールカタログを使って、小さな会社や自宅オフィスの市場での販売を拡大している。こうしたことにより、事務用品業界のダイレクトマーケティングによる販売シェアは一〇%を超え、さらに大きくなっている。

戦場を変える方法は多くある。その選択肢が制限されるのは、皆さんの想像力が乏しく、自社内部よりもむしろ市場に方法を求めたい気持ちが強いことによってのみである。

日本における事例10 ユニチャーム

日本の生理用ナプキン第一号といえば、一九六一年に発売された「アンネナプキン」である。当時、生理のことを「アンネ」と呼ぶことが流行ったくらい「アンネナプキン」は顧客の心の中に確固たるポジションを築き、使い捨てナプキンの市場を独占した。

このような中、一九六八年に新技術で女性たちの生活にあらたな快適をもたらす生理用ナプキンとして登場したのが、ユニチャーム（当時はチャーム）の「チャームナップさわやか」である。

当時社長であった高原慶一朗氏がアメリカ視察から持ち帰ったさまざまなサンプルを参考にして試行錯誤の末に完成した「チャームナップさわやか」であったが、販売は苦戦した。キャラバン隊を組んで問屋まわりをしても、最初はほとんど相手にされなかった。社長自ら身につけて「ズレない、ムレない」をアピールして問屋回りを続けたが、薬系の問屋には入り込む余地がなかった。先発メーカーであるアンネが薬店系チャネルを抑えてしまっていたのである。

薬局でのナプキンの販売は、アンネナプキンが出る前に生理用として使われていた脱脂綿の販売から続く伝統的な流通チャネルである。しかし、その流通チャネルは競合に独占され、入り込めない。そこで高原氏は流通チャネルを従来の薬系から雑貨系に大転換した。

流通チャネルを雑貨系に転換したことにより、それがやがてスーパーマーケットの販売拡大に発展し、次第に新規流通チャネルも拡大安定し、生産体制も強化され、三年後の一九七一年にはついに念願のシェアトップとなった。

また、生理にまつわる社会の固定観念を変えるため、ユニークで明るい日本初の生理用品のテレビCM（研ナオコ主演）を作り、それが薬局で暗く売られていた生理用品から、スーパーで明るく売られる生理用品へとイメージの転換につながり、市場のさらなる拡大に寄与したのである。

伝統的な流通チャネルを変更したことにより、また、その新しいチャネルを主流にしたことにより、ユニチャームは生理用品でナンバー1の地位を不動のものとしたのである。

GMのケース

「戦場を変える」戦術の背後にある方法論をよりよく理解するために、その原理を現在の戦いに当てはめることは興味深いかもしれない。

言い換えれば、司令官として、劣勢な戦いにおいてどのような変更が考慮されるべきなのかを考えてみよう。上位クラスにあるBMW、メルセデス・ベンツ、そして他の輸入車との戦いを試みているGMの問題を取り上げる。

上位クラスでGMが他社に勝ったことはあまりない。実際には、恥ずかしい思いをしてきたと言ったほうがよいだろう。最近の例では、アランテであり、オートモーティブ・ニュースに「年間最高失敗作」として選ばれた。

アランテは上位クラスの市場に対してGMが最初に仕掛けた車ではなかった。

セビルを導入する

GMの最初の仕掛けは、これまで同社に利益貢献してきたキャデラック部門を、ドイツの高級車との戦いに充てることであった。これは、キャデラック販売店の要請であったことは明らかである。なぜなら、顧客がどんどんメルセデスに移ってしまうのを目のあたりにしていたからである。

売れ筋のドイツ車はキャデラックよりも小型であった。そこでGMはそれよりもさらに小型化したセビルで対抗した。しかし、最初セビルの思惑ははずれた。

原因は単純明快だった。小型のキャデラックなど誰が欲しいと思うだろうか。そこでGMは、セビルをキャデラックと同じ大きさにしてから販売を再開したところ、顧客を取り戻すことに成功した。しかし、BMWやメルセデスからシェアを奪うのではなく、キャデラックの大型セダンのクリートウッドやブラハムに取ってかわっただけだった。

シマロンを導入する

セビルが大型車になると、GMは次の仕掛けとして新小型モデルを投入した。それは、キャデラック・シマロンと呼ばれたが、大失敗に終わり、誰からも顧客を奪わなかった。キャデラック販売店二〇社との会合の後、ロス・ペローはフォーチュン誌で、「キャデラックはシボレーと見た目が異なる必要がある。でなければ、売ることはなかなか難しい」と述べたと伝えられ、最初からやり直すこととなった。

アランテを導入する

GMは懲りずにさらに別の小型キャデラックの投入を決めた。しかし、大きなメルセデスやBMWが五万ドルかそれ以上で売られているので、GMは飛行機の客室のイメージを利用して高級車を作る「ファーストキャビン」を展開することに決めた。

GMの誰もがイタリア行きのアイデアに乗り、そしてそこでキャデラック・アランテが生まれた。これだったらうまくいくだろう。その車は、ヨーロッパタイプの小型デザインで、五万六千ドルもした。メルセデスの見込み客だったら、他に何を欲しがるだろうか。それは自動車戦争において究極的な武器であった。

ところが再び大失敗であることがわかった。

現実を導入する

ＧＭでは何がなされるべきだろうか。最初にＧＭが認めなければならないことは、キャデラック部門では高級輸入車との戦いには勝てない、ということだ（現実を正視すること、我々はそのように呼ぶ）。

車の購入者の心の中でキャデラックは頑丈な車であると認識されている。キャデラックは、大型で、そこそこ高価な車であるが、ＢＭＷが七万ドルするこの時代では高級車としては認められていない。

キャデラック部門は、リンカーン・マーキュリーとの戦いに送り返されるべきだ。フォードのこの部門はキャデラックを犠牲にして伸びたのだ。キャデラックがより小型化し、独自性が少なくなり、メルセデスに以前より似てきたので、車の購入者はフォードの大型車であるリンカーンタウンカーに移りはじめた。

ラサールを再導入する

我々がＧＭにアドバイスするとしたら、「製品の変更」を行なう戦術を提案するだろう。言い換えれば、ＧＭにとって必要なのは、市場の最上位のセグメントにおける新しいＧＭブランドである。折よく、ＧＭはすでに申し分のない名前を所有している。

我々だったら、ＧＭがラサールを復活させることを勧めるだろう（補足すると、ラサールは一九二〇年代から三〇年代にかけての有名なクラッシックカーの一つであった。キャデラック部門に属していたが、ラサールは別のブランドとして扱われるのが普通だった）。ヨーロッパ車と競争するために、ラサールブランドを復活させる上での皮肉なことは、その車はもともとヨーロッパ調の外観をもった車として知られていたという事実である。歴史家だけが覚えている車、フランスのイスパノ・スイザを手本としていた。

ラサールの現代版であるならば、ヨーロッパのセダンのように、より小型で価格もかなり高くなければならないのは明らかだ。そして最も重要なのは、新しい系列のラサール販売店で扱わなければならないことだろう。キャデラックの販売店ではなく（アキュラがアキュラ販売店で売られ、ホンダの販売店ではないのは同じ方法である）。

この種の戦術の変更は何年か前であればもっとうまく機能したかもしれないが、もしＧＭが最上位のセグメントで高いシェアを獲得したいのであれば、この変更は今日ＧＭに残された唯一の仕掛けでもある。

このような高い価格帯で、より大きなシェアを欲しくないなどと誰が思うだろうか。

第9章 戦略を試す

マーケティング戦争に勝つためには、戦術レベルでの戦いに勝たなければならない。見込み客の心の中での戦いに勝たなければならない。

心の中が戦場であるならば、広告はマーケティング戦争において鍵となる戦術的な武器であることは驚くべきことではない。

大砲の砲弾のように、広告あるいはコマーシャルには市場の広いセグメントに影響を与える能力がある。皆さんが自らのターゲットに正しくねらいを定めているならば、広告を使って文字どおり大規模に顧客を創造することができる。

ほとんどの企業はこのことを知っており、それが広告の量が天文学的な規模に達している理由である。広告の量が増えるにつれ、相対的な有効性は低下する。顧客は心の中の避難場所に腰を降ろしている。このような情報過多社会で大成功を収めることはだんだんと難しくなる。

広告を試す

広告の量が増える一方で効果が下がる中、広告の効果測定が厳格化されてきている。クライアント企業としては企画した広告が機能するのかしないのかを事前に知りたいと思っている。それが、広告調査が桁はずれに大規模になっている理由である。

しかし、広告調査には厳しい限界がある。クリエイティブに定評のある米国の広告会社DDBは「エイビスは二位に過ぎません」という広告コピーをユーザー調査にかけたが、その反応は冷ややかだった。

レンタカーの顧客は優等生的な広告が大嫌いだ。依頼主であるエイビスもそのような広告が好きではなかった。DDB社長でコピーライターのビル・バーンバックもやはりそのような広告は好まなかった。このことが「エイビスは二位に過ぎません」という型破りなコピーにつながったのだが、事前調査の反応はよくなかった。

しかし、エイビスの新しい会長であるロバート・タウンゼントは、DDBが彼の依頼を引き受けてくれさえすれば、その広告を変更せずに掲載する、とその広告代理店に約束した。そしてDDBは引き受け、その広告はそのまま掲載され、大成功を収めたのである。

今日でさえ、人々は「エイビスはレンタカー業界で二位に過ぎません。だから、我々を使ってみてください。より一層の努力をします」というスローガンを覚えている。

ハーツの五六％あった市場シェアはすぐに六％下がり、一方でエイビスのシェアは同じ量だけ上がった。一二％の移動はほとんど一晩のうちに起こった。さらに、エイビスは一三年連続赤字であった後、利益を出しはじめた。

エイビスの例のように、広告の事前調査の結果はたいした意味をなさない。事前調査は実際の環境とは異なる人為的な状況の下で行なわれるからだ。

現実に近い環境で事前調査を行なうためには、見込み客をその戦略に触れさせ、十分に体感させることがどうしても必要となる。

エイビスの例でいうと、マスコミがその広告について述べようとしたこと、ハーツが述べようとした（あるいは述べようとしなかった）ことをわからせ、そして特に、カウンターの中にいるエイビスの従業員たちの笑顔と「より一層の努力をします」と書かれたバッジを目の当たりにさせる方法を見つけて、戦略を理解させ、体感させることだ。

しかし、実際には、このようなことは実施計画を実行して初めて可能となる。したがって、戦略を試す最善策は、これから起こる全体像を見込み客にできるだけ示してみるしかない。

見込み客に広告を見せて彼らのコメントを求めてはいけない。彼らはすぐに広告の専門家に変身してしまうからだ。

広告の専門家に変身する見込み客は、広告のレイアウト、色味、写真、見出しについての助言をすぐにするだろう。誰もが広告の専門家の役割を演じたがる。そればかりでなく、広告調査に協力する見込み客は自分の判断に自信をもっている。何が売れ行きを上げ、何が上げないかを自分たちが確かに知っていると信じている。

この事実を考えてみてほしい。実行されているほとんどの主要な広告キャンペーンは事前に試される。ことのほか良いテスト結果がでなければ実行されない。

しかし、大部分の広告は効果がない。ある市場で四つあるいは五つのブランドが市場シェアを上げるためのマーケティング実施計画を創り上げる。しかし、平均的にはどれも市場シェアを上げることはない。全体では一〇〇%のままだ（純粋な理論的形態においては、マーケティングは戦争と同様、ゼロサムゲームなのだ）。

一つのブランドが市場シェアを上げれば、少なくとも一つはシェアを落とす負けブランドが存在する（エイビスがシェアを上げたのは、ハーツのシェアを奪ってのことだ）。

マーケティングの成功を妨げるこれらの課題を考えると、すべての消費者テストを根底から疑ってみることだ。

矛盾していることは、マーケティング実施計画が斬新でユニークであればあるほど、それが最終的に成功する確率は高くなるが、逆に事前調査で良い反応が得られる確率は低くなることである（異端で有名な画家ジャクソン・ポロックの初期の絵や、ブルース・スプリングスティーンの最初のレコードを想像してみてほしい。あまりに斬新でユニークであったため、最初は受け入れられなかった）。

見込み客を調べる

我々の助言にもかかわらず、数百万ドルの予算を使う前に、見込み客を調べたいと思うだろう。何を見つけ出したらよいのか、提案がいくつかある。

調査票にある数字は忘れなさい。それらの数字は、人工的な環境の中で問う人工的な質問への人工的な答を表している。

質問：あなただったら、オブセッションと呼ばれる香水を買うのに一オンス一五〇ドル支払いますか（言い換え：あなた、こんなに高い香水を買うなんて正気？）

返答：いいえ（言い換え：こんな高い香水を買うほどばかじゃないわ。）

オブセッションは、もちろん香水戦争における断トツの勝者である。

その後、製品ラインを拡張する圧力が継続的に押し寄せる。製品ラインの拡張が米国の産業界の心の中で生き続けているのは、事前に試すと良い結果が出るという事実があるからだ。

読者の皆さん、自分自身を別室からだけ見える鏡の前に置き、次の質問に答えてみてほしい。

「これら二つのポップコーンのうち、あなただったらどちらを買いますか？　ピルズベリー・マイクロウェーブポップコーン、それともポップシークレット・マイクロウェーブポップコーン？」

ポップシークレットは売り出される前で、皆さんはその名前を聞いたことがない。それであれば自然と答えは「ピルズベリー」となるだろう。

実際は、ピルズベリーは電子レンジ用としては消え、逆にポップシークレットが大成功してオービルに次いで二位である。

市場で製品ライン拡張の効果を損なわせているのは、混乱という要因である（ピルズベリーはパン生地を意味し、ポップコーンは意味しない）。ところが、フォーカスグループの調査で製品ライン拡張が有効であり続けるのは、フォーカスグループのメンバーが完璧主義で、調査を中途半端に終わらせず何らかの結論を出すために、知らない名前よりは少しでも知っている名前の付いているものを選ぶからだ。しかし実際は、ピルズベリーがポップコーンを市場に送り出せば、消費者がポップコーンとピルズベリーの有名なパン生地キャラクターのドウボーイとを混乱することとなり、このようなことは誰も快しとしない（つまり、ピルズベリーは本来パン生地を意味するにもかかわらず、製品ラインの拡張によってピルズベリーが何を意味するのか不明確になり、混乱が起き、消費者はむしろわからなくなってしまうのである）。

興味を引き起こす戦術を入念に選ぶ

フォーカスグループインタビューや顧客調査を評価する秘訣とは何だろうか。

最初に、戦術的コンセプトが「興味を引く」ことを確かめなければならない。好意をもたれるのが退屈だという評価よりも、おもしろいけれども嫌われるという方がましだ。ピルズベリーはポップコーンにとっては退屈でふさわしくない名前だ。ポップシークレットは、その製法やパッケージにある種の秘密があるかもしれないことを少なくとも示唆している。「そいつはおもしろい」となるわけだ。

興味を引くことの定義は「新しい」ことの定義と同じだ。興味を引くためには、コンセプトが他と「違う」ことが必要だ。例えば、「人間が犬に噛みついた」のように。

他と違うコンセプトに人が接すると、どのような現象が起こるだろうか。おもしろいと思うが、同時にそれを拒否する。他と違うことに惹きつけられても、はねつけてしまうのが人間というものだ。

広告代理店は、おもしろくて興味を引くことによって、メディアの一群を突破する必要性を十分にわかっている。あいにく、その「違い」を戦術的なコンセプトそのものではなく、むしろ的はずれな要素に導入することによって、おもしろさを生む創造的な問題を解決することがしばしばある。

戦略は変えることができないのが普通だ。典型的なトップダウン型のやり方で業務を行なっている依頼主から、戦略は押しつけられているからだ。

だから、ジョー・イスズ（訳注：米国いすゞが展開したテレビコマーシャルに登場する架空のカーセールスマン）のような馬鹿げた行為をテレビで見ることになるのだ。嘘つきの世界チャンピオンであるジョーが、エベレストの山頂に向けていすゞの車を運転した。彼の秘密？　彼はスノータイヤを使った。

消費者はこのような無意味でばかげたことに馴染むだろうか。ばかげていることは覚えていても、その真意は忘れてしまうのがおちだ。

「昨夜テレビでものすごいコマーシャルを見たよ」と誰かが言うならば、次に何と言うか決まっている。「その製品の名前は忘れたけど」が普通である。

道理で、ジョーが嘘つきだとは覚えているが、なぜ彼の（いすゞの）車を買うといいのかは覚えていない。

広告に年間三千万ドルをかけたにもかかわらず、いすゞは米国市場で年間四万台も販売していない。

ホンダやトヨタと比べてみよう。二社とも米国市場で年六〇万台以上販売している。

現代が年二五万台以上。

アウディやユーゴでさえ、ジョー・イスズよりも多く販売している。

では、ここ数年で最も褒められ、最も多くの賞が与えられ、最も敬服された広告キャンペーンは何だったろう。ジョー・イスズのキャンペーンだ。そしてそれは嘘ではない。

どのように戦略をおもしろくするのか。それはもちろん、トップダウン型の思考である。ボトムアップ型のやり方では、戦略をおもしろくしようなどとはしない。

最初におもしろくて興味を引く戦術を選ぶ。

「一枚の値段でピザ二枚」これは興味を引く。

「一晩で間違いなく、確実にそこに着かなければならない時」おもしろい。

「子供たち、大人になったら直火焼き」興味を引く。

興味をそそるものは、もちろん製品やサービスと密接な関係がなければならない。そして、広告はマーケティング戦争においては重要な戦術的武器であるため、そのアイデアは興味を引く広告のアイデアでなければならない。

それが、広告で使われる戦術がビジネスの戦略を決定する理由である。

営業部隊に売り込む

良いアイデアであれば、営業部隊に簡単に受け入れてもらえるのだろうか。そうはいかない。彼らにとって、現場はあまりにも身近なものであり、知り過ぎている。彼らはまた専門的な知識をもっている。

戦術的アイデアは、氾濫する情報をかき分けて見込み客に到達し、彼らの心にしっかりと刻みこまれるほど十分にシンプルでなければならない。そのために、営業部隊にとっては逆にあまりにもシンプルに映ってしまう。

では、自社の営業部隊をとばして、見込み客に集中すべきなのだろうか。もしそうしたければば、皆さんの責任でそうしなさい。

営業部隊が実施計画を全面的に支持してくれないのであれば、それがどんなに素晴らしい計画であってもうまくはいかない。

したがって、営業部隊に対して実施計画を試すということは、彼らにその計画を売り込むことであり、彼らの意見を聞くことではない。もし売り込みに失敗し、営業部隊に受け入れられなければ、実施は困難となる。

営業部隊への売り込み、すなわち実施計画のプレゼンテーションに最善を尽くしなさい。その計画にかける皆さんの強い意気込みも重要だ。販売員は売れることを確信させてくれるセールスプレゼンテーションには心惹かれる。

もし、営業部隊へのプレゼンテーションが成功すれば、今度は彼らが代理店や重要な顧客に売り込んでくれるだろう。簡単なことではないのは確かだが。

マスコミの反応を調べる

皆さんのマーケティング実施計画の核となる戦略について、ニュースキャスターとして名高いダン・ラザーに電話をして彼の意見を求めることなど難しいのはわかっている。

それであれば、別の方法で確かめるしかない。まず、「このコンセプトはニュースとなりえるだろうか」と自分で考えてみることだ。

たぶん、七時のニュースで取り上げられることはないだろう。また、週刊誌に紹介されることもないだろう。ともあれ、最高にうけるコンセプトとは、まさにそれ自体がニュースのように感じられ、実際ニュースとして取り上げられる。

ペプシコーラがスライスという初めての果汁一〇％入り炭酸飲料を売り出した時、その新製品のニュースは全米を駆け巡った。

ＩＢＭが自らを「より広い視野」とポジショニングする広告キャンペーンを始めた時、主要な国内メディアは気にもとめなかった。

より広い視野？　ＩＢＭは売上五四〇億ドルの大企業である。同社は競合すべてを合わせてもより大きい企業だった。より広い視野であることのニュース性の価値はどこにあるのだろうか。

エイビスが「エイビスは二位に過ぎません」というコンセプトを始めた時、マスコミで読者の興味をそそる記事を次々に生んだ。アメリカ合衆国の副大統領までが、「私は二位に過ぎないので、より一層の努力をしなければならない」と冗談を言った。

競合を調べる

ダン・ラザーあるいは著名テレビジャーナリストのトム・ブローカウの反応を見ることと、競合に前もって実施計画を評価してもらうことを比べれば、たぶん前者の方が容易である。

マーケティング実施計画を主な競合に事前に見せて反応を見ることができたらどれほどいい

だろう。もし彼らが「嫌な実施計画だ」と口々に言うなら、あなたはきっとほくそ笑むことだろう。

しかし、そんなことはまず起こりえない。しかし、その代わりに「論理チェック」と呼ばれる方法を試してみることはできる。

これは、提案の論理性を調べるため、その内容を逆にしてみて、それが主要な競合にとって適切かどうかをみてみる方法だ。

「エイビスはレンタカー業界で二位に過ぎません。だから、より一層の努力をします」

この内容の逆は何だろうか。

「ハーツはレンタカー業界で一位です。だから、成功に安んじて、一生懸命取り組む必要はありません」

エイビスの立場からしたら、完璧だ。これによってビジネスはハーツからエイビスに動くだろう。ハーツのカウンターにいる従業員がそのように考えていると見込み客が思い込むとすれば、その見込み客はエイビスに移ることになる。

「空で特別な存在」

これが業界二位のアメリカン航空のスローガンである。一位のために、そのスローガンを逆にしてみよう。

「空で特別ではない存在」ユナイテッド航空は特別ではないのだろうか。ユナイテッド航空は数ある特別な場所の中でもハワイ便をもっていると広く宣伝している航空会社である。
よって、「空で特別な存在」はアメリカン航空にとって有効なスローガンとは言えない。

製品ラインを調べる

「戦略を優先する連中」に見られる最も危険なことの一つは、製品ラインの拡張によって生まれたブランドが各々独立して会社に貢献すると信じていることである。

トップダウン型の組織では、各ブランドごとに別個のマーケティング部門、営業部隊、広告予算を与える。

ダイエット・コークにはこれらすべてに加えて、特定の広告代理店が与えられていた。しかし、別個にしたことにより生じたのは、コカ・コーラの社員に、実際には二つの味を揃えているに過ぎないのに、二つのブランドをもっていると思い込ませてしまったことだった。

いくら企業側が異なるブランドと主張してみても、消費者からすれば、コカ・コーラ社の製品として一緒くたになっている。

だから、ダイエット・コークの成功はレギュラーコークを犠牲にしてなしえたということである。ただ、この施策によって成功したかどうかを確認するのは難しいかもしれない。なぜなら他社のダイエット清涼飲料の販売も急増した時期に行われた戦術だからだ。

ビール業界でも似たような事例がある。ミラーハイライフ、ミラーライト、そして、ミラージェニュインドラフトと、同じブランドで三種類の味があるが、一つの売上げが伸びれば、他の二つは下がる。クアーズライトもレギュラークアーズの売上げが下がったのでクアーズライトが伸びた。

「ライト」市場に最後に飛び込んだブランドはバドワイザーだった。アンハイザーブッシュはバドライトをナンバー1ヤッピービールにしたてている。

バドライトのCMでは、スパッッズ・マッケンジーというブリテリヤ犬のキャラクターとスパッテデスと呼ばれる三人の美女軍団が登場する。そして、ヤッピー向けのバドライトと万人受けのバドワイザーとは全くの別物であるという印象を与えようとしている。

アンハイザーブッシュは、アメリカの典型的な中流男性が、こんなごまかしに騙されるとでも思っているのだろうか。騙されやしない。バドワイザーのライト版が出れば、試したくなり、ヤッピーでなくともバドライトを買うようになる。遅かれ早かれ、バドワイザーはミラーやクアーズと同じように、バドライトにシェアを譲ることになるだろう。

二つのブランドに同じ名前が付けられると、顧客の心の中では一緒くたにされてしまう。従って、一つのブランドだけではなく、両方のブランドを試さなければならない。

スパッッズ・マッケンジーというキャラクターを使ったプロモーションは、バドライトにとっては今までにない大成功かもしれない。問題は、それが長期的な観点から従来のバドワイザーの名前にどのような影響を及ぼすかである。

高級車のＢＭＷに乗る若者がバドライトを飲んでいるのを見て、一般的なＳＵＶ車であるフォードブロンコに乗る連中は、バドライトに変えることなく、バドワイザーを飲み続けるだろうか。

第10章

戦略を提案する

さあ、戦略を試した際に学んだことを取り入れ、それを社内で提案するために一つにまとめ上げる時だ。

今まさに、皆さんは役員室にいて、そのプレゼンテーションを最高幹部に行う。この時注意しなければならないのは、ひとりよがりになって自己満足してしまうことである。つまり、経営陣からイエスかノーの答えを得ることではなく、あくびを催させてしまうことだ。

新人とベテラン

新人のGEマンは、小型電気モーターの販促を担当している気難しいベテラン社員にマーケティング実施計画を提案することになった。新人は、事前に自分の考えを整理した説明図を使って説明しはじめた。プレゼンテーションが終わりに近づくと、新人はマーケティングマネジャーが興味を失い、窓の外を眺めていることに気がつき、不安になった。

ベテラン社員はその新人の問題に気づき、彼に向かって言った。

「君、その説明図を降ろしなさい。GEでの紛れもない現実のいくつかを話してあげよう」

「いいかい、今GEのモーターのことを話しているんだ。問題は市場にあるんじゃない。問題はここにある。この建物の中にいる連中を皆同じ方向に向けさせるような説明図を見せてごらん。そうすればみんな君の話に耳を傾けるようになる」

そうなのだ。マーケティング実施計画を実現させたいならば、すばらしい戦術を見出すだけでは十分ではなく、皆さん自身の会社に興味を起こさせなければならない。皆を興奮させ、熱狂させなければならない。建物にいる誰をも同じ方向に向けさせなければならないのだ。

シンプルに説明する

そして、注意することとは、マーケティング実施計画を「数字」に頼って提案しようとしてはいけないことだ。マーケティング担当者に起きた最も悪いことの一つに、表計算ソフトの発明がある。表計算ソフトは、オーバーヘッドプロジェクター以来、最もおもしろくないプレゼンテーションを作り上げてしまった。

皆の耳目を集めるには、車の販売員のように行動することだ。車を買ってもらいたいなら、仕様やオプションをすべて見せびらかすようなことをしてはいけない。

シンプルに説明すること。幸い、ボトムアップから、つまり単一の戦術から壮大な戦略へと実施計画を創り上げていけば、シンプルになるだろう。皆さんが提案するのは、印象的であるばかりでなく、効果的でもある、大胆な一撃である。

日本における事例11　キングジム

デジタル機器でありながら、ネットやメールなどの通信機能がなく、電子辞書機能もない。できることは、ただ文字を入力するだけ。こんな製品が発売と同時にほぼ品切れ状態となった。キングジムのデジタルメモ機「ポメラ」だ。

会議や打ち合わせでのメモ専用として開発され、機能をテキスト入力に限定した、これ以上ないシンプルな機器である。ノートパソコンや携帯電話が多機能化していく中で、その逆を行く発想である。しかし、あまりのシンプルさゆえ、役員会議で担当者がその戦略を提案した時の役員たちの反応は懐疑的だった。

ところが役員一五人の内、一人の社外取締役が、「すばらしい。すぐにでも買いたい」と賛成した。この社外取締役は大学の教授で、外出先で原稿を書いたり、アイデアをメモするのに最適な道具がないことに不満をもっていた。

「ポメラ」は、文字入力だけに機能を絞った戦術により、他にはない大きな機能的ベネフィトも提供している。重さ三七〇グラム、大きさは手のひらに入る文庫本サイズ、単4

アルカリ乾電池二本で二〇時間使用可、しかもスイッチを押してたった二秒で立ちあがる。この社外取締役にとっては待ちに待っていた待望の製品であった。これを聞いた社長が、熱烈な賛成があればゴーサインを出すとして商品化を認めたのである。そして、この社外取締役と同じように、このようなメモ機を求めていた人たちの潜在的なニーズを掘り起こし、初年度三万台の目標を四ヵ月で達成した。

ライズとトラウトが指摘するように、すばらしい戦術を見出すだけでは十分ではない。アイデアがシンプルであればあるほど社内でどう興味を起こさせるかがポイントとなる。また、たとえ皆に興味を起こさせることができなくても、この「ポメラ」のように役員を一人でも興奮させ、熱狂させることができれば、社長は手応えを感じ、ゴーサインを出すことがあるのだ。

他の戦略などない

社内の人間から度々訊かれる共通した質問の一つが、他の選択肢の存在に関してである。「目標を達成するための戦略は一つではないはずだ。他の選択肢も提案してくれないか。そうすれば、我々はその中から一つを選ぶことができる」

しかし、この要請に惑わされてはならない。ボトムアップから構築された、他を圧倒する戦略などいくつもない。現場に出向けば、選択肢は極めて限られていることがよくわかる。

非常に競争の厳しい社会では、うまくいく戦術一つ見出すのにも苦労するだろう。だからこそ、その一つの戦術を珍重することである。代わりのものなど受け入れてはならない。

だが、マーケティング担当者がその逆を考えることがしばしばある。彼らは、成功は調和よく実行されたたくさんの小さな積み重ねの総量だと考えている。多くの異なる戦略から一つを入念に選んでうまく実行するかぎり、成功するだろうと思っているのだ。

マーケティングを実践していく上で、焦点を絞った思い切った攻撃を我々は信条としている。どのような状況においても、競争上優位となる戦略的方向性を一つは見出すことができると信じている。皆さんの仕事は、それを見つけ出し、社内で認めてもらうことだ。

個人的な利害が優先する時

米国の産業界において、マーケティング実施計画を社内で提案して認めてもらう上で見逃してはならない危険性の一つは、個人の利害関係と仕事上の優先順位とが対立してしまうことだ。マネジャーの中には、自らのキャリアへの影響をまず第一に考え、その次に、競合に対する影響を考慮して決定を下す者がいる。

第二次世界大戦でバーナード・モントゴメリー陸軍元帥が提案したオランダでの不幸な攻撃は、優れた戦術を犠牲にして個人の名誉のために企てたものであった、と多くの人にみなされている。

一方、ジョージ・パットン司令官は戦車を使用した戦術を成功に導くため、自らの命を危険にさらすこともしばしばあった。

自らの利害のために、思い切った攻撃に踏み切れない上席役員は多い。高い給料をもらい、間もなく定年を迎える人間が、自らの利害を抜きにして敢えてリスクを冒すだろうか。

出世街道を進む上で妨げとならないように、自らの利害を優先して「リスクのない」決定を下す末席役員も多い。彼らの心の中には「最前線にいる多くの人間が脱落する」という昔の格言がある。

アメリカの企業の中には、最高幹部の誰かに個人的な恩恵をもたらすような実施計画でないと何も起きない所もある。アイデアが拒否されるのは、それが理にかなっていないという理由からではなく、そのアイデアから経営陣の誰も個人的に恩恵を受けないという理由からなのだ。

日本の「意見のすり合わせによる経営」の優れているところは、個人的な利害を生む要因を排除してしまう仕組みにある。つまり、日本の企業では、組織の成功に全力が注がれ、個人の成功は二の次なのだ。

かと言って、アメリカの企業から個人的な成功の機会を失くして、日本式の経営をまねようとは誰も提案しないだろう。リー・アイアコッカに代えて、ホンダの入交昭一郎、トヨタの東郷行泰、あるいは日産の財津正彦をトップにしたいと考えるだろうか。どちらかではなく、たぶんその折衷案があるはずだ。

個人的関心を公にする制度

個人の利害関係の要因を和らげる一つの方法は、個人的な関心を公にして認めてしまうことだ。スリーエム（３Ｍ）のような会社には、新製品あるいは新事業の成功を信じて従業員が自分の好きな研究に勤務時間の一五％を使うことを認める「一五％ルール」がある。３Ｍの企業文化に深く根づいているこの考え方は、上司の命令に背くことになっても自らの研究について社内で広く相談ができ、協力を求めることができる。

ポスト・イットの成功が、このコンセプトがどのように機能するかを示している。アート・フライは３Ｍの科学者であり、ポスト・イットが製品として市場に送り出されるまでの一二年近くも自らを信じてポスト・イットの研究を続け、このプロジェクトを成功へと導いたのである。

この一五％ルールが機能するのは確かだが、必ずしも最善の方法とは限らない。理屈の上では、経営陣が商品や事業のコンセプトを、誰に対して恩恵があるのかという観点からではなく、そのコンセプトのメリットによって判断ができる環境が理想的だろう。

会社を理想的な方法で運営したいのであれば、チームワーク、愛社精神、そして自己犠牲を厭わないリーダーが要求される。

この良い例としてすぐに思い浮かぶのは、パットンと彼の第三軍のフランスでの猛烈な進撃である。短期間にこれほど広大な領地と多くの捕虜を捕えた軍は歴史上他に類を見ない。

組織図上の職務とその権限が問題となる場合

このようなことは、事業部をいくつも抱える大企業においてはしばしば起こることであり、ボトムアップ流で進んでいけば、この問題に直面することは覚悟の上である。

戦術を戦略へと組み入れていく過程で、組織図による職務権限の規定が問題となることがよくある。戦術が単一の市場に限定されず、複数の市場にまたがることがたぶんその原因だ。企業が製品ごとに事業部に分かれると厄介で、深刻な問題となる。

マーケティング実施計画を実行するためには、組織図で規定された各部署の領域を越えなければならない。組織図上の職務をまたがって実施される計画を承認する立場にある人物に辿り着くまでは、歯ぎしりしてでも、組織図上の頂点を目指して上っていかなければならない(そのような人は、組織図上で規定された名称までもたぶん変えることができる)。

組織図を無視していきなりトップから始めるなどはもっての外だ。そんなことをすれば、予期せぬ社内的な反発を招くことになる。実施計画が組織図を下に降りるにつれ、行く先々で担当者からの強い反発が待ち受けている。組織図上の部署に自身の名前が記載されている担当者は、皆さんが経験したこともないような反発を考えるだろう。

組織図を昇っていく途中で出会う他者からの反発は、曝されるたびに乗り越えることによって、最高幹部の支持を得た後はむしろその実施計画を成功させる可能性を大きくすることになる。

もちろん、ボトムアップ型の売り込みにも特有の問題がある。「いじくり回してしまう傾向」が、その大きな問題である（大失敗への道は、手直しで舗装され、表面上はわからなくなってしまうのである）。

戦略コンセプトを組織の上へと進めていく際、その過程で出会う人は自らも参加して貢献しなければならないと感じる。気をつけないと、そのアイデアが役員会議室に着くまでには、これらの人にいじくり回され、自分自身のアイデアであるとはわからないほど変わってしまうかもしれない。

最高幹部が邪魔になる場合

ダイナミックな戦術と優れた戦略をもってしても、役員会議室での提案に失敗するかもしれない。社内のすべてのマネジャーの中で現場から最も離れているのは大抵ＣＥＯとその取り巻きである。彼らは戦術の威力を最も軽んじる傾向がある。「その車をホンダではなく、アキュラと呼びたいのかね」こんな具合だ。

彼らは戦術の観点からは考えない。戦略の観点から考えるため、「それはわが社の戦略に適合するのかね」となる。

ここで一種の口実を使うことになる。最も効き目のある口実の一つは、皆さんの戦略が企業の「評判」にどのような影響を与えるかを提案することだ。マーケティングにおいて「評判」が無視されることが多過ぎる。これは、自分たちの個人的利益を優先するミドルマネジャー側の問題で、彼らのあまりにも短期的な考えの副産物といえる。

企業の評判が市場で下がると、そのことはしばしばマスコミの取材量に影響する。GMやIBMの問題を見てみると、彼らが誇っていた特殊な技術はもはやなくなり、マスコミにも取り上げられなくなり、顧客は他の選択肢を調べることに戸惑いを感じなくなりつつある。

焦点を絞った思い切った攻撃は、必然的に企業の評判を高める可能性を秘めている。皆さんの実施計画に対する最高幹部の支持を集めるために、この事実を使いなさい。何と言おうが、マネジャーは誰も企業の評判を蔑ろにはできないのである。

ネーミングは戦略である

戦略はロジカルに説明できるものだが、ネーミングはそれがなかなか難しい。ネーミングは提案者の思惑にどっぷりと浸かっているからだ。

ここで一つのマーケティング原理を心に留めておくことだ。ネーミングは戦略であるということを。ネーミングを軽視しては、効果的な戦略は構築できない。

ラサールのようなブランド名であれば、上位クラスのアランテは大成功したかもしれない。キャデラックのブランド名がその成功を阻んだ。パン生地のイメージが強いピルズベリーの名を冠した商品名にしたことで電子レンジ用ポップコーンビジネスへの参入は失敗に終わった。

ネーミングはそれほど重要である。最も重要なマーケティング上の決断を一つあげれば、製品のネーミングである。製品名はボトムアップ型プロセスの中核をなす。

ネーミングで妥協することは、その実施計画を妥協することと同じだ。ぱっとしない製品名を受け入れて、マーケティングの戦場ですべてを失うくらいなら、社内での検討でそのネーミングが却下されることを受け入れる方がましだ。

だから、ネーミングは一歩も妥協してはならない。そうして練りに練って「これだ」と信じたネーミングなら、それを押し通す。

ネスレがマキシムに対抗して、フリーズドライのインスタントコーヒーを投入した際、ネスレのアメリカの経営陣はその製品を「テイスターズチョイス」と名づけたかった。スイス本社では、「ネスカフェゴールド」とネーミングしたかった。

この激しい戦いが、二年近くも大西洋を挟んで続き、ようやく現地アメリカ側の勝利となった。テイスターズチョイスは大成功となり、今日マキシムを一〇対一で圧倒している。

「炒りたてのコーヒーのような味と香りを」とはテイスターズチョイスの広告コピーである。本物の炒りたてのコーヒーに対してその製品をポジショニングする強力な戦術を反映した秀逸なキャッチコピーである。

ネーミングは一歩も妥協してはいけない。自らが考案したネーミングを守りなさい。名前は戦略なのだから。

グローバルマーケティングの失敗

ネスレ本社が「ネスカフェゴールド」とネーミングしたかった理由の一つは、世界中で統一したブランド名で展開したかったからだ。

同一の製品名、同一の戦略、同一のポジショニング。これがグローバルマーケティングの目標であり、最新の流行りとしてビジネススクールでもてはやされている。

世界中の大部分の国で、ネスカフェは主要なコーヒーブランドである。七五％以上の市場シェアをもっている国もある。ネスカフェは他を圧倒する世界ブランドなのだ。ところが、アメリカでは状況が異なる。

トップダウン型で考えれば、たぶんスイス本社の経営陣に賛成するだろう。「フリーズドライ製品にもネスカフェゴールドの名前をつけることによって、ネスカフェをさらに強力なグローバルブランドにしよう」

ボトムアップ型の人でもたぶん賛成はするだろう…が、それはネスカフェがすでに支配的なブランドである国においてだけである。アメリカでは、ネスカフェは無名なのだ。ボトムアップ型で考えれば、トップブランドのマックスウェル・ハウス／マキシムに対抗する新しいブランド名が必要となるだろう。

同じ原理がダットサンにもあてはまる。そのブランド名を変えて世界中でニッサンに統一する戦略をとる必要があったのだろうか。

トップダウン型で考えれば、イエスだ。ボトムアップ型で考えれば、ノーだ。

世界中のどの国もよく似た市場であれば、マーケティングは世界規模で立案できる。市場が類似しているのであれば、ボトムアップ型のプロセスを踏んでも、どの市場でも使える単一の実施計画を生み出すことになる。その日が来るまで、一つの国で構築された最も効果的なマーケティング実施計画は他の国では必ずしもうまくいくとは限らないだろう。

ボトムアップ型で取り組んでいけば、構築する実施計画がそれぞれの国で最適であることは確かだ。

第11章 経営資源を獲得する

ニューヨーク市教育長であるリチャード・R・グリーン博士は、彼の哲学を次のような言葉で定義した。

「どんな仕事もそれが実行不可能だという理由だけではのがれることはできないだろう」

このような考え方は役員室では響きがいい、しかし、現場の最前線に出向くと、現実に直面することになる。受け入れ難いかもしれないが、不可能なことは不可能なのだ。マーケティングにおいて、実施計画を実行に移すための経営資源が得られなければ、すべては不可能となってしまう。ここで我々が意味する経営資源とは、ずばり資金だ。

資金があってこそ、必要な道具、つまり営業部隊、販売チャンネル、あるいは広告プロモーションなどを手に入れることができる。これらの活動を金銭的に支える資金がなければ、どんな計画を練ってもわずかな市場シェアさえもたらしてはくれない。

資金を得るにも資金が必要だ。この情報過多の社会にあって、資金稼ぎには非常に多くの金がかかる。

最高幹部が数百万ドルの工場建設を快く承認することはよくある。しかし、数百万ドル規模のマーケティング実施計画に承認を得ることはそれよりずっと難しい。

新しいアイデア（そしてマーケティングは基本的にはアイデアの戦いである）はどれも先行投資が必要である。しかし、広告やマーケティングの予算を売上げの比率として設定する企業が多い。このことは、新しいアイデアがマスコミの渦の中を突破していくのに必要な衝撃力を生み出す資金を得ないことを意味する。

日本における事例12　サントリー①

数々のヒット商品を世に送り出してきたサントリーだが、その基本的姿勢は「価値を生みだす商品開発」と「飲み方の提案」に力を入れることと言える。中でも「飲み方の提案」によって大成功を収めたのが、「ハイボール」である。

「ハイボール」とは、ウイスキーを炭酸水で割る飲み方。国内ウイスキー市場一位を誇るサントリーだが、一九八三年をピークにその後生産量は減少し、二〇〇八年にはピーク時の五分の一の数量まで落ち込んだ。製品のライフサイクルの理論に基づけばまさに衰退期にあった。

しかし、ウイスキーはサントリーにとって主力商品であり、復活の道を探り続けていた。そして、二〇〇九年に仕掛けたのが、炭酸水で割って飲む「ハイボール」である。テレビCMで女優の小雪さんを起用、ゴスペラーズの「ウイスキーが、お好きでしょ」の曲にのせ、小雪さんがサントリー角瓶で作るハイボールを若い世代のお客さんが食事と一緒に楽しむ様子を示して新しい飲み方を提案した。さらに、営業部隊の地道な活動も飲み方の普及に寄与した。

この飲み方は以前にもあったが、アルコール離れした二〇代~三〇代の若者には、新しい飲み方としてだけではなく、ウイスキー自体が新しいお酒として広まった。また、青春時代にウイスキーを飲んだ年配者も惹きつけ、「ハイボール」は幅広い層に受け入れられ、ウイスキー大復活の立役者となったのである。

新しいアイデア（飲み方）を世に広めるためには、資金が必要である。しかし、ライズとトラウトが述べるように、マーケティングや広告の予算は売上げの比率として設定する企業が多く、衰退期にある製品に先行投資的な思い切った予算を割くことは一般的には難しい。

では、なぜサントリーではそれができたのか。その背景には、佐治信忠社長の「社員にも『縮こまったらあかんぞ。夢を大きくもってくれ』と言い、宣伝・広告に思い切って金を使えと発破をかけている。ハイボールも今の二倍も三倍も売らないと」（日本経済新聞

8/14/2011）という、積極的に資金を出してサポートするトップの姿勢があることを見逃してはいけない。

分けると負ける

何年も前のことだが、セブンアップ社が、コーラの巨人と競うために、期待感をかき立てる二つの戦略を構築した。両方の戦略とも、コークとペプシに含まれるカフェインに関する戦術的な論争点につけこんでいた。

一つの戦略は、ライクという世界初のカフェイン抜きコーラの投入である。

もう一つの戦略は、セブンアップを「カフェインなし」の清涼飲料水としてポジショニングすることであった。セブンアップはすでに「アンコーラ」、つまりコーラやペプシの代用品として確立されていたので、カフェイン攻撃は大きな恩恵が約束されていた。

セブンアップはどちらの戦略を使うべきだったのか。どちらでもうまくいったかもしれない。ところが、不運にもセブンアップは資源を分散し、二つの戦略を同時に実施しようとした。

コカ・コーラやペプシが、カフェイン抜きコーラで反撃してきた時、セブンアップにとって状況は悪くなった。資金が倍あれば、セブンアップがそのカフェイン抜きコーラを大勝利へと導いた可能性は高い。それができなかったために、ライクは数年間苦しい戦いを経た後、市場から姿を消した（ある意味では、カフェイン抜きのコークやペプシの登場は、「ライク」ブランドに信用を与えたことになる）。

　色々な会社を見渡してみると、集中すべき資金をいくつかに分散していることが見受けられる。ＧＭがトヨタと合弁会社を設立した時、サターンプロジェクトも併せて発表した。両事業とも同じような製品をつくることになる。ＧＭが資金を一つの攻撃に絞ったならば、今日どれほど良い状態になっているかと思う。

　新しいアイデアに全く資金供給しないという選択よりひどいのが、資金不足に陥ることだ。「半分の頑張りでも効果的でありえるのは確かだと多くの人は思っている。小さな飛躍は大きな飛躍よりも簡単である。しかし、幅の広い水路を渡りたい人が最初に半分だけ渡るようなことはしないだろう」とクラウゼヴィッツは述べている。

　皆さんが、新しい実施計画を始めるために百万ドルの予算を要求したとしよう。経営陣は「半分の予算では何ができるのか？」と応じてくる。

　皆さんは「半分では、水路の真ん中に落ちる羽目になります」と言い返すべきだ。仕事を万全に進める資金がないまま実施計画を始めるのなら、その計画に最初から取りかからない方がましだ。

　資金を得る上での問題は、資金力のない零細企業と資金力のある大企業の二つの形態に分けられる。

資金力のない零細企業の問題

小規模の企業はアイデアには事欠かないが、そのアイデアに命を吹き込む資金には不足しているのが普通だ。成功するためには、小規模の企業は資金の問題を解決しなければならない。このような企業で働いているならば、エリアを限定して、その地域に特化して進めるか、あるいは助けを求めにいくか、どちらかである。

地域的に特化する手法は実施計画を磨く機会を与えてくれるので、最善の第一歩といえる。トム・モナハンは一店舗からドミノ・ピザチェーンを始めた。何がうまくいき、何がうまくいかないのかを戦術面から分析すると、今度は外に援助を求めた。彼の場合は、彼独自のコンセプトを全米中に広げる時に、フランチャイズ制を導入することだった。

外に援助を求めるもう一つの方法は、コンセプトを全国的に展開するために要する資金や流通をもった大企業との提携だ。ただ、小規模企業の場合、市場で勢いづく機会を得る前に大組織に全部たいらげられてしまう恐れがある。

資金力のある大企業の問題

GMは、アイデアには不足していたが、資金は潤沢だ。問題は、その資金が多数のプロジェクトに分散してしまう傾向にあることだ。

したがって、すばらしいアイデアがある時は、資金がすべて分配される前に手に入れてしまうことが重要になる。

典型的な権限分散型の企業では、事業のどのマネジャーも自分の斧を研ぐ予算が与えられる。トップマネジャーは、皆を適度に満足させるためにその資金を分散させることを好む。彼らの関心事は合計金額を見失わないことだ。

ボトムアップ・マーケティングというゲームにおいて、最高幹部がしなければならないことは、現状打破のアイデアあるいは状況に資金の大部分をつぎ込むことによって機会を最大限に広げることである。これは、ポールに支払うためにピーターから金を奪うことを意味するので、最高経営責任者は資金に関する難しい決断をする準備をしていなければならない。そして、資金を奪い取ったマネジャーに会った時はその決定を正当化しなければならない。

そのためには、最高幹部は市場での戦いの戦術的な詳細部分により深く携わって熟知していなければならない。

資金のほとんどを新しい事業に与える企業がいくつかある。ＩＢＭがＰＣを世に送りだした時、その広告予算の七五％をその新しい製品のために使った。

初年度、ＰＣ事業は全社売上げの五％未満に過ぎなかった。つまりＩＢＭの広告予算の決定を促したのはお金以上のものだった。ＰＣは将来を象徴していたのだ。

第12章

実施計画を始める

実施計画を始める準備ができたら、ギアを入れ替える番だ。ボトムアップ型の手法に代わり、「トップダウン」でその実施計画を開始すること。

言い換えると、実施計画を実行する用意ができたならば、正確に、そして注意深くタイミングを図ってトップダウン型で開始することである。

「計画はボトムアップ型で、実行はトップダウン型で」これが我々二人が勧める方法だ。だが、ほとんどの企業はまさにその逆を行なっていると言える。

最高幹部は「象牙の塔」で戦略を立案する。彼らは、一般的な言葉で自らの目標を詳細に説明した戦略計画を打ち出す。そして、その下のミドルマネジャーが戦術的な詳細を受けもつことになる。

一方、現場にはその戦略計画が金色ないしは銀色のバインダーに綴じられて届くが、読まれずにすぐさま棚にしまわれてしまう。「顧客が何を必要とし、何を欲しがっているのかは、我々がよく知っている。そんな戦略計画なんて混乱のもとだ」と営業部隊は言う。

広告代理店では、クリエイティブな連中が、広告で使えるものは何かないか……どんなものでもいい……と、その同じ戦略計画をじっくりと見る。

彼らは何かしら使えそうなものを戦略計画の中に発見するだろうが、それが修正され、改良され、再調整される時までには、社内の誰もそれとはわからなくなってしまう。広告代理店の彼らにとっては、創造的であるかぎり、何であれ構わないのである。

軍隊的手法

軍の組織ではボトムアップ型の計画とトップダウン型の実行が組み合わされる。一旦戦略がボトムアップ型で構築されると、軍の組織はトップダウン型で実行し、下位の指揮官が個人的に決められる余地はほとんどなくなる。

優れたフットボールのプレーのように、優れた軍の攻撃は、各部隊がまさにぴったりの時間と場所において事前に決められたそれぞれの仕事を遂行して、連続的に完璧に行われる。

そんなことはビジネスではうまく行かない、と思っているかもしれない。だが、実際うまくいく。ハーツ、エイビス、そしてマクドナルドのような企業で毎日うまく機能しているのだ。

優れたフランチャイズ組織の真髄は、規則を作り、そして「その規則どおりに行う」ことである。競合を圧倒するような首尾一貫したマーケティングの方向性（戦略）が示されている時、個人にそれを変えさせてはいけない。

ビジネス的手法

ビジネスも軍と同じように実行することで恩恵を受けることができるだろう。しかし実際は、トップで計画された戦略が、より下のレベルの人間に引き渡され、その人間に戦術的な変更を行うための大きな裁量が与えられるケースが頻繁に見られる。

これはうまくいく時もある。まずい戦略計画であっても、販売の現場を預かる下位の人間による戦術的な変更によって救われることが時にあるからだ。

しかし、これは計画する上で効率的な方法ではなく、運営していく上でも効果的な方法とは言えない。ビジネス組織の命令系統に大きな負担をかけてしまうからだ。

今日多くの大企業で見られることは、より下のレベルの人間、つまりビジネス組織の現場指揮官が、「象牙の塔」である本社のスタッフによって示された戦略的方向に真っ向から盾突いて、いつもと変わりなく仕事をしていることだ。かと言って、現場指揮官が仕事を失うわけではない。彼らは戦術的には効果的な仕事をしているからだ。

まさに浪費以外の何ものでもない。企業のリーダーがまず第一に現場に出かけ、ボトムアップから企業戦略を構築するならば、企業はもっとずっと効果的でありえるだろう。

トップダウン型の戦略計画には皮肉な結果がある。ゴール、目標、計画、企業理念について話し合いがされるものの、実は今日の大部分の企業は戦略的に運営されていない。優れたゲーム展開を論じても、実際はその逆のことが起こる。

我々二人が論じてきたところの首尾一貫した全社的な思い切った攻撃に従わず、皆がそれぞれ自分自身のことを行なっている。このような企業では、企業の戦略は自宅の壁に飾ってある美術品のようになってしまう。何もなしえないし、誰も注意を払わない。しかし、絵画がそこにあるので安心する。壁に何もないと人間は不安になる。それは丁度、企業戦略のない企業がなぜか完全ではないように思えるのと同じだ。

読者の皆さんの会社に企業戦略がないと、実際に何か違いがでるのだろうか。正直なところ、たぶん違いなどでないだろう。

社内の誰かに、会社の戦略計画は何かと尋ねてごらんなさい。その質問の答えとして五センチもの厚さのある戦略計画の入ったバインダーをもってきたら、皆さんの会社はその戦略計画に沿って実際には運営されていないと言える。

戦略的に運営される企業

ボトムアップ・マーケティングにとって皮肉なことは、そのコンセプトの適用が実は戦略的に運営される企業を作りだすことである。ゲームの進め方を話しているだけの企業とは対照的だ。戦術を戦略の基礎に置くと、企業は戦略的に運営されることになる。その企業は的を絞っされた明確な焦点をもっており、その焦点はシンプルな言葉を使った単純明快なコンセプトで表現される。

ドミノ・ピザの戦略は、「三〇分以内でのお届けを保証します」という戦術でピザの宅配事業を牛耳ることである。まさにそれだ。戦略を説明するのに厚さ五センチのバインダーなど必要はない（ドミノはフランチャイズ加盟店に、その制度を詳細に説明するために五センチのバインダーを使っている。それは実際に使われる商売道具であり、使われずに棚に眠っている企業理念書ではない）。

戦術的に運営される会社

象牙の塔で計画を立案し、お決まりの美しいやり方で、役員が実行部隊にその戦略計画を発する企業は、結局逆の結果となる。このような企業は、首尾一貫したマーケティングの方向性をもたずに、戦術的に運営される会社となる。それは、潮や風の流れが支配する場所に向かう。つまり、その企業の将来は、計画と実行に基づくよりもタイミングと運により多く依存してしまうことになる。

企業は変わることができる。だが、変化は一夜にしては起こりえない。

変革の第一段階は、競争優位性を生む戦術を見出し、その戦術を戦略に組み入れることである。

はじめのうちは、その戦略は企業の製品及び事業すべてを包含することはないだろう。そこで、最も優位性があると知覚される視点を見つけ出し、それを核として単一の実施計画を立案して出発しなければならない。その後、この実施計画が他の商品やサービスにどのように影響を与えるのかを見ることだ。

何年か後にはその方向性を修正しなければならなくなるかもしれない。しかし、このことは事前にはわからない。

最初の実施計画が劇的なやり方でうまくスタートしないとすべてが無駄になってしまう。つまり、その実施計画がどのように始められるべきかで成否が決まるのである。

「ビッグバン」アプローチ

第一印象は一回で決まる。二度チャンスはない。価値あるアイデアははじめから価値があるとわかるはずだ（もし皆さんのアイデアが価値のないものならば、現場に戻り、価値のあるアイデアを見つけなさい）。

また、新しいアイデアはどうにかしてでも人目に触れさせなければならない。そしてそれは、主要なマスメディアに託すことなしに成し遂げることは非常に難しい。

「ビッグバン」の手法を常に考えるべきだ。可能なかぎりの多くのマスメディアを使い、可能なかぎりの強い影響力で、マーケティング実施計画を始めること。この手法は、いつの世にも存在する面倒くさがり屋に効果的だ。

人はだらだらと新しいアイデアや新製品を待っているわけではない。彼らに何かを売り込む前に、市場の注目を引くあからさまな期待感が必要である。

アップルがマッキントッシュコンピュータを世に送り出した時、ビジネス誌に二〇ページにもわたる「強烈な大広告」を掲載した。

新しいマーケティング実施計画を始めるために、NFLのスーパーボールの中継で大々的なテレビコマーシャルを使った会社もある。

徹底的に攻撃することに加え、すばやく攻撃することも望まれる。良いアイデアはそれほど長い期間放って置かれない。

昔は競争相手が参入してくるまでたいてい時間があった。今はそうではない。台湾に行って戻って来るのと同じくらいの速さで真似されてしまうこともある。したがって、可能なかぎり早く実施計画を表に出すことが重要である。時が経つにつれ、なんらかの調整を加えなければならないとしてもだ。

実施計画を始める前に完璧である必要はない。完璧であるアイデアは悪くはないが、完璧さを追求するあまり、競争相手を出し抜いて大きく飛躍することを望んでも、思うようにいかなくなるかもしれない。

日本における事例13

ロッテ

日本中を驚かせた大キャンペーンとして伝説となっているのが、ロッテが「天然チクルのロッテ」を一気に浸透させるために一九六一年に打ち出した特賞一千万円の懸賞広告である。

ガムメーカーとしては後発のロッテは、板ガム市場に参入するために品質で勝負することに決め、当時の板ガムのガムベースが合成の酢酸ビニール樹脂であったのに対して、日本で初めて天然チクル入りの板ガムを製造・販売した。天然チクルは、酢酸ビニール樹脂に比べて噛み心地が良く、うま味の持続時間が長いという特徴があった。しかし、消費者にその良さを知ってもらわなければ意味をなさない。実際に噛んでもらい、噛み心地の良い最良のガムというイメージを定着させるために打ち出したのが、「天然チクルのロッテガム五〇円で特賞一千万円ズバリ当る」という大キャンペーンだった。当時公務員の初任給が一万四二〇〇円だった時代に、現在の金額に換算すると一億円ほどにもなる賞金一千万円に、予想の一〇倍を超える七六〇〇万通もの応募が殺到した。お菓子のキャンペーンで一〇〇万通の応募があれば大成功と言われていることを考えれば、いかにこのキャンペーンに対する反響が絶大だったかがわかる。

その三年前の一九五八年からスポンサーとして始まった名司会者・玉置宏氏のテレビ番

組「ロッテ歌のアルバム」による宣伝効果も大きかった。

このキャンペーンにより、天然チクルのロッテガムの知名度は一挙に上がり、また、品質で勝負してきた「ロッテ＝最良のガム」というイメージも定着し、ついに売上げがガム業界でトップとなったのである。天然チクルを使用した「グリーンガム」（一九五七年発売）そして「クールミントガム」（一九六〇年発売）はどちらもロングセラー商品として現在も好評である。まさに、日本中を騒然とさせた、ビッグバンを象徴する大キャンペーンであった。

「ロールアウト」アプローチ

ビッグバンの逆がある。それは、「ロールアウト」アプローチと呼ばれる。これは、小規模企業が企業規模の大きい競合に直面した時に好まれる導入方法である。

マーケティング実施計画をビッグバンで全国的に始める代わりに、一つの市、州、地域で始めるのである。その後、その実施計画を他の地域にロールアウト、つまりロールでならすように伸ばしていき、将来的には全国規模の実施計画にしていく。

小規模企業にとって、ロールアウトアプローチがビッグバンアプローチよりも好まれる理由が二つある。

①小規模企業にはビッグバンアプローチを行なうほどの十分な資金がない。ビッグバンアプローチは膨大な費用がかかり、全国規模で成長しているビジネスを支えるために必要なインフラの整備から資金をそらしてしまうことにもなる。したがって、地域を限定して徐々にならしていった方がよい。

②小規模企業は規模の大きい競合からあまり注目されたくないかもしれない。ゆっくりとならすことによって、皆さんのアイデアあるいは製品は気づかれる機会が少なくなる。もし規模の大きい競合が気づいたとしても、全国規模でない地域的な実施計画として認識されれば、彼らはそれが大きな脅威になるとは思わないかもしれない。

攻撃的であること

しかし、実施計画の勢いを弱めることによって、その有効性を犠牲にしてはいけない。小規模企業でも、攻めの姿勢をもち続けることだ。

多くの企業が攻撃的なマーケティング実施計画を始めることをためらう。その理由は、競合を怒らせたくないからだ。彼らは、他の何よりも、業界の年次大会において友愛に重きを置いているように思える。自らのマーケティング実施計画の有効性よりもだ。

しかし、それは間違いだ。競合の感情を害することで敵は皆さんを尊敬するだろう。尊敬は友情よりもずっと多くの商品を動かす。米国では、第二次世界大戦で友好国であったイギリスやフランスからよりも、敵国であったドイツや日本から多くの車を買っており、その量は四二倍にもなる。

誰かに皆さんを愛してほしいのであれば、その人に親切にしなさい。もし誰かに皆さんを尊敬してほしい……そして皆さんから買ってほしいのであれば、その人の鼻をぶん殴ってやりなさい。

第13章 軌道に乗せる

順調に開始できた後の主な課題は軌道に乗せることである。これはすべての中で最も難しい任務だ。

戦略の本質を理解していないマネジャーがほとんどなのだ。彼らは、長期戦略計画に書かれているごとく、戦略をある特別な期間起こる何かだと思っている。

戦略は時間を経てはっきりとしてくるが、それ自体は時間とは関係ない。戦略とは首尾一貫したマーケティングの進むべき方向性なのだ。

それが、五ヵ年計画が意味をなさない理由だ。皆さんが最高の戦術的な乗り物を所有し、その乗り物を走らせる最高の戦略的な道を選んだとしよう。一年目、二年目、そして何年か先の到達ゴールを設定することは賢明だと思うだろうか。

ゴールを超えたからと言って、その年の終わりに速度を落とすだろうか。あるいは、ターゲットを見失なったからと言って速度を上げるだろうか。もしそうならば、別の運転手に代えた方がいい。

マーケティングにおいて勝利するためには、自動車レースと同じように、常に全力投球あるのみだ。

また、順調な年間売上げの伸びを示す五ヵ年計画が存在すると、競合を意識する重要性が低下してしまう。将来を予測することができないのは、競合が何をするかを予測できないからであり、競合の出方によって将来は変わってしまう。

例えば、第二次世界大戦中に連合国軍によって展開されたマーケットガーデン作戦は、敵の戦力を侮っていた上、たまたま来ていたドイツ軍の機甲部隊と衝突してしまい、苦戦した（マーケットガーデン作戦を機能させるためには、英国のバーナード・モントゴメリー元帥の軍は五つの橋を連続して占領しなければならなかった。初めの四つまでは成功したが、残り一つが奪取できず、結局その作戦は失敗に終わった）。ＩＢＭの長期の大型汎用コンピュータ計画において、どのように小型コンピュータの出現を予測できただろうか。予測などできなかった。

このことから、軌道に乗せる上で重要なことは、スベリ出しが順調だからといって気を抜かず、予測することができない将来に備えて、競合の動きに用心しながら、さらに馬力をかけることなのだ。

現場から指揮する

戦略を軌道に乗せるためには、現場とのコミュニケーションラインをもっていなければならない。トップマネジメントのほとんどが、実際に起こっていることからは遮ぎられている。これを避ける最善の方法は、自らが現場に出向くことである。

ナチス・ドイツのフランス侵攻を見てみよう。ドイツ機甲師団の司令官たちは最初の重要な数日どこにいただろうか。戦場で最前線の軍隊の指揮をとっていた。ドイツ陸軍のロンメルは特に、戦闘が行われている場所にいることを何よりも信条としていた。フランス侵攻への最大の軍事的障害であったマース川を渡る間、彼は川に降り、軍隊が戦車を荷船に乗せるのを手伝ったほどだ。

マーケティング戦争における最高のリーダーとは、現場から指揮を執る人間だ。例えば、自動車戦争においては、クライスラーのリー・アイアコッカのやり方は、GMのロジャー・スミスのやり方よりもずっと優れている。

成功を後押しする

「成功は後押しし、失敗からは手を引きなさい」

この古代の軍事的格言は今日のビジネスによって破られることがしばしばある。

軍事的成功の本質は、最も前進している戦車指揮官たちにガソリンと補給品を供給することである。そして、身動きが取れなくなってしまった戦車指揮官たちへの補給品を打ち切ることだ。

ほとんどの企業はちょうど逆のことをしている。五つの製品ラインをもつ企業を考えてみよう。そのうち三つが勝ち組で、二つが負け組である。経営陣はその大部分の時間と注意をどこに向けるか推測してほしい。そのとおり。負け組にである。

負け組に構わず、勝ち組に資源を与えなさい。これは理にかなった軍事的戦略であり、理にかなったマーケティング戦略でもある。

マネジャーが負け組を排除することをためらう理由の一つは、それが企業の評判に反映されると思っているからだ。それで、彼らは負け組をやさしい心遣いやお金で支え続ける。

負け組を支える資金はどこから来るのだろうか。そのとおり。勝ち組からである。

マネジャーは光輝く未来を期待して常に三年から五年先を予測しながら、これらの決定を正当化することがよくある。損失が大きければ大きいほど、予測はますます楽観的になる。

ところが、マーケティングの歴史はその逆が通例事実であることを示している。

負け組は失敗をてこ入れしようとあがくので、初期の損失がより大きなものになってしまう。

ＩＢＭのコンピュータのポジションに挑んだＲＣＡの攻撃がそのよい例だ。

一方、初期の成功にはより大きな利益が続くのも普通だ。ゼロックスが９１４型複写機を発売した時、瞬く間に成功した。

見込みのないことに資源を投入し続ける企業は、フェデラルエクスプレスの例を心に留めてほしい。我々は未来に生きるのではない。現在においてのみ生きられる。フェデラルエクスプレスは負け組であったザップメールをとっとと始末してしまった。もう三年ザップメールを続けていれば、フェデラルエクスプレス自体がおそらく面倒なことになっていただろう。失敗を断念すると、財政的に成功を後押しするのに非常によい立場に立つことになる。

中央集権化する

急速な成長を経験する企業は中央集権化されているのが普通だ。権限を分散させることを決めるのは大成功した後だけだ。「大きくなり過ぎて、すべての事業部を掌握できない」それは成長が突然緩やかとなる時である。

権限分散の企業は現場により近い。しかし、権限分散では効果的な戦術を戦略へと転換できないのが一般的だ。

いろいろな事業部門は、現場で何が起こっているのかを知っており、多くの戦術的な成功を経験しているかもしれない。しかし、ボトムアップ・マーケティングのゲームをするように組織化されていない。つまり、戦術的な成功を一つの企業戦略へと転換できないのだ。

米コングロマリット企業ＩＴＴを取り上げてみよう。ＩＴＴはいろいろな事業体を抱えてしまい、戦略的に管理不可能なめちゃくちゃな状態に陥ってしまった。CEOのハロルド・ジェニーンが買収した事業の大部分は現在安く売り払われているが、真の問題はITTの中核的な事業である通信である。あの段階では、ITTはIBMやAT&Tと同じリーグにいるべきであった。これも、経営資源が主な事業に集中して向けられる代わりに、二次的な戦いにむだに費やされて失敗した事例である。

踏んだり蹴ったりの目に会い、結局ITTの通信事業であるITTコミュニケーションズは、現在ではフランス国有のコングロマリットであるカンパニーゼネラルエレクトロニクスに所有されている。

戦争には権限の分散はない。軍が権限分散の組織で戦いに臨むことは決してない。現場指揮官は師団に自主的に行動することを許さないだろう。むしろ、指揮官は各部隊を厳しい統制の下に置く。時間どおりに攻撃しなかった、あるいは軍隊を停止線に止めなかった師団司令官はただでは済まない。

伝統的に権限が分散された企業のいくつかは変わりつつある。GEではジャック・ウェルチが会社への彼の支配力を強めて中央集権化し、大きな成果をあげている。シティバンクのジョン・リードもそうだ。

しかしほとんどの場合、これらの例は特別なケースであり、ビジネスで大きな視点からものを考える強いリーダーが必要とされている時に、大部分の企業が反対の方向に動いている。戦いから逃れるための言い訳として権限分散を使い、そのことで企業のトップは自らに（そして自らの会社に）損害を与えている。

権限を分散する

権限の分散は計画立案プロセスを組織の下の方へと押しやってしまう。フォーチュン500の中の一企業は、マネジャーの半数が戦略計画立案に関わっていると自慢した（パットンの第三師団には一〇五人の司令官に対して作戦参謀は一人だった）。

より多くの人間が計画立案のプロセスに関われば関わるほど、企業が優れた戦略を生み出す機会が少なくなる。企業にとって必要なのは、計画立案のプロセスが組織の下から上へと上がっていくことである。

ここに矛盾が生じる。機能する戦術を見出すためには、現場のより近くにいなければならない。ところが、その戦術を戦略に転換するためには、組織の頂上により近い所にいることが有利となる。

表面上は、分散化された企業が現場には近いように思えるかもしれないが、それは幻想だ。戦術は見つかるかもしれないが、どれも首尾一貫したマーケティングの方向には転換できないからだ。

権限分散の企業は、タコに例えると、その足は戦術に対する感度が非常に高いが、一つの足を選び、それを戦略に転換する頭脳をもちあわせていない。心ははやるが身体がついていかない。

分散化された企業で大事なのは最高幹部のリスクを負う精神だ。マネジャーはしたたかだ。彼らは、責任を負う当事者になるかどうかの「境界線」を少しでも超えることができれば、楽に企業のトップに到達できることを知っている。

その境界線のどちらにいるのか、容易に知ることができる。市場目標を達成できないことから解雇されるならば境界線を越えていない。市場目標を達成できなくても解雇されない時は境界線を越えていることを意味する。

境界線を越えていれば、それらの市場目標はもはや個人の問題ではなくなる。当然、担当領域での成功を自分の手柄とし、失敗を他人のせいにすることができる快適な状態にいられる。企業で名誉会長的な在職権を獲得したのだ。居座るには絶好のポジションだが、ビジネスそのものからはかなり隔たったポジションだ。企業船のもう一人の船長的存在となったのである。

事業を統合する

権限分散は企業の最前線をどんどん下げてしまったので、企業は領地の寄せ集めで終わってしまう。そして、どの領地もそれ自体では大きな実施計画を始めるには十分なほど大きくはない。今日多くの企業におけるマーケティングは各領地での事業をかき集めて維持するだけの活動に退化してしまった。いわゆる、ビジネスの世界における塹壕戦である。

今日のビジネスにおける最大の機会は、権限分散のプロセスを逆にすることである。効果的なマーケティング実施計画を始めるのに十分に大きく、そして強力であるために、各部署を統合しはじめなければならない。

例えば、ヒューレット・パッカード（ＨＰ）は、異なる（そして互換性のない）コンピュータを製造する三つの独立した事業部門をかかえており、それすべてを同じ市場で販売していた。これでは首尾一貫した戦略がないと顧客が文句を言いはじめた。

そこで、ＨＰはそれらの事業部門から独立性を取り除き、その三部門を一人のマネジャーの下で一つのグループにまとめた。最初の変更点は、技術的な互換性をもった製品が作られたことであった。

権限の分散はリーダーを戦場の雑音や混乱から切り離してしまう。そしてそのことが、彼らの「戦場の感覚」、つまりアレクサンダー大王やナポレオン、そして他の偉大な軍指導者などが生まれながらにもっていた稀な特性を台なしにしてしまうことがよくある。

今日のビジネスでは、より多くの司令官が求められている。男女にかかわらず、マーケティング実施計画を立案し、指揮する責任をすべて負うことを喜んで引き受ける司令官だ。

企業は最高のマーケティング担当者を最前線から外し、意味のないポジションに昇進させることが多過ぎる。

すぐに思い浮かぶのはバーガーキングの最高経営責任者であるJ・ジェフリー・キャンベルだ。バーガーキングが彼を最も必要としていた時に、彼はピルズベリーのレストラングループの会長に昇進させられてしまったのである。

企業の落ち武者を監視する

新しいマーケティング戦略が、古いアイデアや手法と入れ替わる、あるいはそれらを訂正してしまう時、「傷ついた企業の落ち武者」を作りだしてしまうかもしれない。彼らには注意した方がいい。

新しいアイデアを考えついた人たちにはよくわからないかもしれないが、新しい取り組みは古いアイデアあるいは現状維持の弁護者を当惑させたかもしれない。企業での地位を失ってしまった人は、いさぎよく負けるよりもむしろ、背の高い草の中に退いて、その羽の生えたばかりのアイデアが勢いづく前に攻撃して脱線させる機会を待っている。

企業の内部抗争は、新しい実施計画にとっては、競争相手と同じぐらい命取りになりえるのである。

成功を感じ取る

競争優位性を生む戦術を選び、その戦術を長期にわたって強固なものにするために戦略が構築され、そして、ビッグバンで実施計画を開始した。では、どのようにして成功を測ることができるだろうか。

まず最初に、何を求めるのかを知らなければならない。ここですぐに利益上の成功を期待してはいけない。自社のマーケティングメッセージが巷で話題になっているという何らかの兆候をまず期待することだ。言い換えれば、知ってもらうことが一連の購入の最初の段階である。フェデラルエクスプレスは最初は儲からなかった。しかし、マスコミに立て続けに好意的な記事が掲載された。

時には、ネガティブな内容であっても、マーケティングメッセージが見込み客の心の中に入り込みはじめた兆候であることがある。ホンダがアキュラという爆発的なヒット商品を世に送り出した時、マスコミでの最初の報道は決して明るい内容ではなかった。「ホンダは高級車市場に参入する取り組みにおいて早い時期に思わぬ障害にぶつかった」とウォールストリート・ジャーナルは伝えた。

時代の流れのように、長期的なマーケティングの成功はむしろゆっくりと始まるのが普通だ。それから弾みがつく。

売上げがあまりにも急激に上がると、「一時的な流行」となってしまうかもしれない。気をつけなさい、その後の販売の低下は著しいこともありえる（ビデオゲームやフラフープがよい例だ）。

市場は波のように進退を繰り返して発展する。最初に試みるのは初期採用者と呼ばれる人々である。これらの人々は「最初にまな板に乗る」一般大衆で、おしゃべり好きからなる。彼らは消費者リポートをよく読み、自分自身がその道の玄人であることを知っている。このような「影響力ある人」にどれほどうまく辿り着いているかが、初期の成功を判断する重要な基準となる。

日本における事例14　文芸社

初版千部の自費出版の本がミリオンセラーとなったのが、文芸社が手掛けた『B型自分の説明書』である。火付け役は、山形県天童市のある書店の店員である。その店員が、文芸社から本の案内を受け取り、タイトルを気に入って五冊注目したところ、たちまち売れた。その後も書店に置けば売れる状態が続く。その店員が仙台に異動になり、仙台の書店にも置くとこれも売れ行き順調。ロコミで人気は広がり、東北地方でまずブレイクした。

東北地方で話題になっていることを知った文芸社が、「ある書店で売れている本がある」と、全国規模の書店に販売を持ち掛ける。そして、その書店が全店での販売を決定、また口コミなども手伝って全国的に知れ渡り、売上げは一気に伸びるのである。

地方の書店からミリオンセラーが生まれたわけだが、単なる偶然ではない。最初に目を付けた天童市の書店員は、自分もB型で、「B型はあまのじゃくだから」と、あえて書店の目立たない隅にこっそりと置いた。また、ポップも意図的に付けなかったという。自分と同じB型の購入者の目線で考えたのが功を奏したとのこと。

その後、文芸社は続刊として『A型の〜』『AB型の〜』『O型の〜』を刊行。平積みで血液型コーナーを設ける書店も現れ、月間ランキング（二〇〇八年八月）で一〜四位を独占、同年一〇月には四冊累計発行部数が五〇〇万部をこえる大ヒットとなった。

書籍販売の現場で「影響力がある」のが書店員である。この本の初期の成功は、書店員にうまく辿りつき、その店員の工夫によってもたらされたことは間違いない。その初期の成功が後に全国的なミリオンセラー誕生となったのである。

もう一つの基準は、簡単なことではないが、「競合を不快」にしているかどうかである。もし競合が訴訟を起こす恐れがあるならば、その戦略は競合の感情を害したことがわかる。業界誌は消費者向け報道と同じぐらい重要である。もし皆さんの実施計画が取り上げられ、そして記事に書かれはじめるならば、業界誌の記者の心に訴えたのだ。

もし彼らが印象づけられるならば、おそらく見込み客をも印象づけられるだろう。逆に、マスコミに対して興味や期待感を作りだすことが困難なように思えるならば、解決すべき問題を抱えていることが考えられる。

ニュースにならないことは悪いニュースなのだ。

問題はどの程度成功するかではない。大事なのは方向性だ。事態が正しい方向に進んでいるかぎり、競合が食い止め難い勢いを創り上げていることになる。

最後に、多くの企業が行っているように、広告と販売を切り離してはいけない。「ビジネスの業績を直接広告に結びつけることは非常に難しい」と世界的タバコ会社R・J・レイノルズのマーケティング担当上席副社長は述べている。「優れた広告があるにもかかわらず、企業あるいはブランドが非常にまずい状態になってしまうこともありえる」

マーケティングは見込み客の心の中で行われる戦いだ。優れた広告はこの心に大きな影響を与える。

もしそうでなければ、その広告がどれほど多くの広告賞を受けたとしても、優れた広告だとは言えない。

米国の広告業界の中心であるマジソンアベニューのモットーは、

「何も売る必要のない依頼主のために広告を制作しているならば、賞を取ることなんて簡単なことだ」である。

馬力をかける

「良いことは度が過ぎたとしても、ただただすばらしい」とアメリカの奇人エンターテイナーであったリベラーチェは言った。

大成功しているものがあると、有り金をはたきたくなる。さらに馬力をかけたくなるものだ。競合の参入から身を守る最善の方法は、資産に対する大規模な投資だ。十分なスピードで動かないと、努力して種を蒔いてようやく育った作物を競合に収穫させてしまうことになる。

一つの問題は年間予算の制度だ。資金を管理するにはよい方法だが、変化に適応する上で柔軟性がほとんどない制度を作ることになる。

年間予算に基づいた戦争を想像するとしたら、こんな感じだろうか。

「すまんが大佐、援軍が来る一月まで待たなければならない。一月に新しい予算が下りる」

ここでの問題は、機会を失ってしまうことだ。

開始した実施計画は主な競合の出方によっては大失敗に終わるかもしれない。この導入時の成功をものにするには、さらに多くの資金と努力が必要となるだろう。次年度の予算では手遅れかもしれない。

シェアを目指す。利益ではない

市場が誕生した後の第一の目標は圧倒的な市場シェアの獲得である。あまりにも多くの企業が、市場での地位を固める前に利益を出すことを欲する。

企業を強くするのは、製品やサービスではない。顧客の心の中で占めるポジションだ。ハーツの強さは、そのリーダー的ポジションにあり、レンタカーサービスの質ではない。トップの座に就くことよりも、トップの座に居座ることの方が簡単だ。

リーダー企業を倒した企業の名をあげることができるだろうか。クレストが歯磨き粉でそうだった。米国歯科医師会の認可のしるしのお陰だが。バドワイザーがビールで、マルボロがタバコで成し遂げたが、このようなことは稀だ。

一九二三年に始まった二五のトップブランド調査がこの点を立証している。今日この二五ブランドのうち二〇がまだトップの座にある。四つが第二位、残り一つが五位という結果である。

順位の変化さえそれほど多くは起きない。マーケティングが競馬のレースだとすると、死ぬほどつまらないものになるだろう。第二次世界大戦後の四三年間で、アメリカ自動車業界のトップスリーのポジションはたった一回変わっただけである。

一九五〇年にフォードがクライスラーを抜いて二位に躍り出た。それ以来、順位は完全にGM、フォード、クライスラーの順である。なんとつまらない。

マーケティングレースの「ねばねばした執着さ」、つまり企業またはブランドが毎年毎年同じポジションのままであるという傾向は、絶好のポジションを第一に確保することの重要性を強調している。ポジションを優位にすることは難しいかもしれない。しかし、いったんそうすれば、その新しいポジションを維持することは比較的やさしい。

一群から飛び出す

マーケティングが競馬のレースならば、早い時期に一群から飛び出すことの重要性を明確に理解できるだろう。

アメリカ食品医薬品局（ＦＤＡ）がイブプロフェンの販売を許可した時、アメリカンホームプロダクツは他社を出し抜くためにすばやく行動に出た。大々的な広告で鎮痛剤アドビルを市場に送り出しただけではなく、ＦＤＡからの認可を受ける前に、実際にはその製品の製造を始めたのだ。

もし認可が下りなかったら、数百万ドルにもなるアドビルはブルドーザーの下敷きになっていただろう。だが、その努力は報われた。今日アドビルはイブプロフェンを代表するブランドである。

トップの座に就いたら、市場がその事実に気づくようにすることだ。そのリーダーシップを軽視して、決して利用しようとしない企業が多過ぎる。このことは、競争相手にドアを開けっ放しにしていつでも入れるようにしておくことと同じだ。機会を得た後は、競合の目の前でドアをバタンと閉めなさい。アメリカは弱者を大いに好むが、ものを買うのは優者からを好む。

企業の勝ち組製品からの利益を負け組製品に回すのはやめなさい。それは、複数の製品をかかえる企業に見られる典型的な会計上のごまかしである。これは、経営資源を勝ち組に注ぐ手腕を鈍らすことになる。

これから仕掛ける思い切った攻撃は、その勢いを維持するために資金が必要である。初期の成功に腰かけているだけでは、競争相手に簡単にターゲットとされてしまう。まさに今その資金を使いなさい。そうすれば明日よき風が吹くことになる。

第14章 損失を断ち切る

「この世界に死と税以外で確かなものはない」とベンジャミン・フランクリンは言った。マーケティングの世界でも、確かな成功などあるはずがない。もしあるとすれば、そのゲームはチャレンジではないだろうし、本来の姿ではない。**マーケティング実施計画が目立った変化をもたらさないならば、損失を断ち切る用意をしなさい。最後まで戦うことは賢明ではない。**

ところが、米国の産業界は考えを異にする。失敗を認めることを良しとは見なさない。より一層努力することが名誉の印である。そして、事態が真に悪くなると、当事者を更迭するというのが、周知の企業対応である。

強い抵抗にもかかわらず成功したリー・アイアコッカのような人物の裏には、全力を尽くして戦死していく数百もの名も無き企業戦士がいるのである。

米国の産業界は退去より突進するように訓練されている。「我々に必要なのはより一層の販売努力だけだ」とは、塹壕にいる軍隊のスローガンだ。それによって再度丘に駆け上がり、そして戦死者は増え続ける。

真実はというと、マーケティングの戦いにおいては努力が足りないために負けることはほとんどない。戦いに敗れる理由は三つある。

①戦略が間違っている

②実力以上のことをしてしまった

③想定外のことが起こった。

市場の性質が変わった、競合が優勢な戦略を考案した、ということも起こりえるだろう。

運の要素

それから、運の問題もある。マーケティングにおいてと同じように戦争においても、運は中心的な役割を果たす。

不動産王ドナルド・トランプと大物政治家ジョン・コナリーが出かけていって、見えるものすべてを買った。一人は億万長者となり、もう一人は破産した。ビッグ・ドンとビッグ・ジョンの違いは何だったのか。約一六〇〇マイルと三〇億ドル。

トランプは幸運にも適切な時にマンハッタンを買った。そして、コナリーは不幸にもまずい時にテキサスを買ってしまった。

一層の努力をしたところでコナリーの助けにはならなかっただろう。テキサス州における経済状態は厳しかったからだ（一年で、テキサスの二〇の貯蓄貸付は四〇億ドル以上の損失を出した。銀行が利益を出せないのであれば、一般の市民から何を望むことができるだろうか）。

勇気ある撤退

これに関しては、ハーバードビジネススクールに主要なコースがあってしかるべきだ。多くの経営陣は、現在従事している戦いがあたかも彼らの唯一の戦いであるかのようにマーケティングに取り組む。マーケティングは連続した戦いだ。ここでの秘訣は、競合よりもより多くの戦いに勝つことだ。資源を負け戦に浪費することは、次の戦いに勝つ機会を損なうだけだろう。

現在の戦術が妨害されるように思えるならば、その事業を早く中止すればするほど、新しい手法を試みることができる。また、劣勢の戦術的な手法を早く止めれば止めるほど、再び試みる時に使える資源が多くなる。

白旗をあまりにも早く上げるのは絶好の機会を投げ捨ててしまうことだろうか。常にその危険性はある。マーケティングは賭けだ。

しかし、勝ちを得る戦略は、たいてい非常に早い段階から成功の何らかの兆候を示すことを歴史は示している。初期の兆候が期待に反していれば、成功する機会は少ない。

「長期的戦略計画」の最も危険な側面は、真に重要な長期プロジェクトは短期的な損失を伴うのが常であると決めてかかることだ。真実は、大きな長期的な成功は初日から成功の少なくとも何らかの兆候を示すのが普通だ。巨大な財政的惨事は、はじめから大惨事であることが一般的なのだ。

戦争は同じ教訓を与えている。成功している攻撃は始めてすぐに成功しているのが普通だ。ドイツの機甲師団は初期にセダンのフランス国境を突破し、決して止められることはなかった。一方、第一次世界大戦のベルダムでは、ドイツの初期の攻撃は失敗だった。結果は見えていたが、彼らは何ヵ月も攻撃を続け、膨大な数の死傷者を出した。

多くの企業が、マーケティングに対してもその同じ「人間の波」の手法を採用している。彼らは、成功の兆しがほとんどない事態に、より多くの販売員、より多くの広告をつぎ込む。そのマーケティング実施計画がお払い箱になった方がより良い立場に立つ時でも、その事態を維持している。再編成することだ。異なる戦術を見つけ、戦略を変えなさい。最初の実施計画がうまくいかなかったまさにその原因を調べることから、次の実施計画を成功させるために必要な洞察力を得るだろう。

勝つことよりも失うことからより多くのことを学ぶことができる。ある人がかつて言った。「大金持ちを連れて来てくれたら、その人が少なくとも三回破産したことを証明してみせよう」

サントリー②

ライズとトラウトは、「大きな長期的な成功は初日から成功の少なくとも何らかの兆候を示すのが普通だ」と述べているが、予想を遥かに超える売れ行きのため発売からわずか四日目で出荷中止を発表せざるをえなくなった製品がある。サントリーが二〇〇四年に送り出した緑茶飲料「伊右衛門」である。

サントリーは烏龍茶では大型商品をもつが、緑茶飲料では、「伊右衛門」以前に三回にわたり「緑茶」「緑水」「和茶」と新製品を出すも、存在感を示すことができずに市場から撤退している。つまり、競合に対して優位性と知覚される切り口、戦術がなかった。

サントリーが行なった調査結果から、緑茶飲料トップの伊藤園「お〜いお茶」は「茶畑のすぐそばの工場」で生産されているという印象をもたれているのに対して、サントリーの緑茶は「烏龍茶工場の片隅」で生産されているイメージをもたれていることがわかった。また、競合品からは、茶農家、茶摘みをするおばさん、といった具体的な人間像がイメージされるのに対して、サントリーの緑茶にはほとんどイメージが浮かばない。このことから、サントリーの緑茶飲料のブランド力の弱さを理解し、反省材料としたのである。

「ウイスキーとビールのイメージが強いサントリーが、八百年を超える伝統がある緑茶を語っても、ユーザーへの説得力がないと思った」と「伊右衛門」の開発者の一人が語っている。緑茶飲料で成功するにはマイナスのイメージを払拭する必要があり、業界トップの緑茶メーカーを倒すには、従来のサントリー単独ではなく、ブランド力のある茶舗との提携が欠かせないとの考えに至った。そして、二百年以上の歴史のある京都の老舗茶舗との提携に活路を見出す。それが、京都「福寿園」であった。

その福寿園と作り上げたのが、緑茶の王道を行く「緑茶飲料がなしえなかった急須で淹れた緑茶本来の贅沢な味わい」の「伊右衛門」である。

「緑茶本来の贅沢な味わい」という戦術が、味（茶葉、水、製法など）だけではなく、ネーミング（福寿園の創業者名）、パッケージ（竹筒型ペットボトル）、コマーシャル（伊右衛門〈本木雅弘〉とその妻〈宮沢りえ〉）のすべてに組み込まれて戦略となり、清涼飲料史上最速で年間販売量五〇〇〇万ケースを達成し、大ヒットとなったのである。

過去の実施計画の失敗から学び、異なる戦術を見つけ、戦略を変え、大成功した事例であるが、その戦略は発売直後から大成功の兆候（品切れ）を示した。まさに、ライズとトラウトが述べるように「勝ちを得る戦略は、たいてい非常に早い段階から成功の何らかの兆候を示すことを歴史は示している」のである。

第15章 正々堂々と戦う

ほとんどのマーケティング担当者は夢をもっている。彼らは自分が会議室のテーブルの主役の座について大勢の部下に命令を出している姿を夢見ている。見えない所では、コンピュータ端末の一群によってこれらの命令がグローバルメッセージネットワークに入力されている。

毎日お偉いさんが到着してはお辞儀をし、メッセージを伝える。「おめでとうございます。ルーマニアでまたマーケティングが成功しました」

毎週ヘリコプターで地方空港へ移動する。そこには世界中のどこかで行われる盛大な視察訪問のための社用小型ジェット機が待機している。そんなに骨の折れるようなことはない。目的は、パリやウィーンのような場所に社旗を上げることだ。

世界的に偉大なマーケティング戦略家であることの報酬である。もちろん、単なるお金や名声ではない。それは、追求することのわくわくとした感覚だ。

その夢の一部として学歴もある。エール大学そしてハーバードビジネススクールの卒業生であるのが自然だ。よって、田舎くさい考えなどしない。

これが皆さんの夢ならば、この本から得られるものは多くないだろう。

自らをドロドロした市場の中に置く

ボトムアップ・マーケティングが皆さんに提供できるのは、ちょうど逆である。偉大な戦略家となるためには、皆さんは自分自身をドロドロとした市場の中に置かなければならない。見込み客の心の中で一進一退を続けるマーケティングの戦いでは、現場に降りてインスピレーションを得なければならない。

世界で最も偉大な軍事戦略家たちの大部分は底辺から出発した。そして、彼らは戦争の現実に常に触れながら、自らの優位性を維持したのである。

カール・フォン・クラウゼヴィッツは、最高の軍事学校へ行ったわけではなく、最高の軍精神の下で戦場に従事したわけでもなく、上官から彼の職業について学んだわけでもなかった。

クラウゼヴィッツは最高で、そして最も難しい方法で軍の戦略を学んだ。軍の歴史上最も血なまぐさく、最も有名な戦闘のいくつかの前線に従事することによってである。

イエナ、ボロジノ、ベレジナ、ワーテルロー。クラウゼヴィッツはそこで、どの戦術が成功し、どの戦術が失敗したのかを観察した。

クラウゼヴィッツの心に抱かれている優れた戦略的原理はどれも、戦場の混沌とした中から、人間が生きそして死んでいくのを見る中から、そして戦闘の勝敗を見る中から、徐々に発展したものだ。

キャメロン・マッキントッシュは、『キャッツ』『レ・ミゼラブル』『オペラ座の怪人』など現代の最も成功したミュージカル三つのプロデューサーであるが、一八歳の時に裏方としてその職業人生を始めた。後に、巡業公演の舞台マネジャーになる。二三歳で最初のショーを上演したが、それは最終的には赤字となってしまった。

マッキントッシュは辛抱強く続け、『オクラホマ』や『マイ・フェア・レディ』のイギリス公演版を上演した。

「私はこれら一流作品のミュージカル上演の技術について多くのことを学んだ。私は今、現場指導もするプロデューサーであり、演出のすべての局面に関与している」と述べている。

もし優れた戦略的思考をしたいのであれば、戦術に完全に没頭するしかない。それが、軍事的戦闘であろうが、ミュージカルの戦いであろうが、マーケティングの戦いであろうが、関係ない。

ゲイツ、モナハン、そしてスミス

戦術が戦略を決定する。これは戦争と同じようにビジネスでも言える。過去数十年の顕著な戦略的な成功は、戦術上の観点から市場に徹底的に耳を傾け、その市場を支配するようになった人たちによって語られる。

世界最大のIT企業であるマイクロソフトのビル・ゲイツを考えてみよう。ハーバード大学を中退したゲイツは、世界最年少コンピュータプログラマーからフォーチュン1000の世界最年少社長になった。

ビル・ゲイツは偉大な企業戦略家である、その理由は彼の分野での戦術的な問題を知りつくしているからだと結論づけるのは難しいだろうか。別の結論に達する方が難しい。

ドミノ・ピザの創業者トム・モナハンはどうだろう。ドミノ・ピザは世界最大の宅配ピザチェーンである。

モナハンが九〇〇ドルの借金でミシガン州イプシランティにピザ店を買ったのは、かろうじて高校を出た時だった。今日、ドミノは四〇〇〇を超える店舗を構え、それがおよそ二〇億ドルの歳入をもたらしている。モナハンはこの世で他の誰よりも多くのピザを作ったと言ってよい。彼の戦略は市場でピザの生地を練りながら進化したと言える。

フェデラルエクスプレスを創ったフレデリック・スミスはどうか。その会社は世界最大の空輸運送業者である。モナハンがピザを練っていた間、スミスはベトナムで航空機を操縦し、新しい空輸サービスのアイデアを思い巡らしていたのである。今日、フェデラルエクスプレスは一〇億ドル企業で、市場シェアは五〇%を超す。

スミス、モナハン、そしてゲイツは皆、心の奥底から戦術に携わっていたが、その戦術が社内で優れた戦略へと転換し、彼らをトップへと押し上げたのである。戦術が戦略を決定したのである。

皆さんはどうだろうか?

ビル・ゲイツ、トム・モナハン、そしてフレデリック・スミスのように一旗揚げられる可能性は皆さんにとってどのくらいあるだろうか。

可能性はわずかだが、運によっては、上にも下にも両方向の道が切り開かれる。大成功を掴み取るためには、優れたアイデアが必要であり、適した時期に適した場所にいなければならない。

しかし、マーケティングは単なる勝利のわくわく感でも、敗北の激しい苦痛でもない。マーケティングはゲームでもあるのだ。そして、正々堂々と徹底的に戦うこと、それ自体が報酬なのだ。

正々堂々と徹底的に戦うためには、底辺から出発しなければならない。それはたぶんトム・モナハンがしたように物理的な底辺からではなく、精神的な底辺からスタートすることである。

勝ちたい戦闘の戦術に専念しなければならない。競合、そして心の中にある彼らの強み、弱みに焦点を合わせなければならない。心の中という戦場で競争優位性を生む一つの戦術を探し出さなければならない。

それから、その一つの戦術を核として首尾一貫した戦略を練り上げるために、進んで全力を注がなければならない。

外部の機会をうまくモノにするには組織内を積極的に変えなければならない。外部の環境を変えることはできない、またそんなことを試みてはいけない。代わりに組織を変えることだ。

万人に受けるなど無理だ。戦力を分散させ、小規模な戦闘を数多く戦う誘惑には抵抗しなければならない。そのような戦闘は資源を消耗させ、大きな勝利を成し遂げる能力を奪い取ってしまう。

さらに、戦略がうまくいかないのであれば、その戦略を変えることをいとわないことだ。誰も将来を予測することはできない。人生は賭けであり、マーケティングも賭けなのだ。

しかし、もし皆さんが正しい考え方をし、現場に出向き、競争優位性を生む戦術を見つけ、それを戦略へと組み入れていくならば、成功する機会は大いにある。

皆さんのマーケティング上の勝利が歴史の本に載らないとしても、その成功は市場シェアを伸ばし、収益を増加させることとなり、それがさらなる発展への投資となることは間違いない。

訳者あとがき

本書の著者であるアル・ライズとジャック・トラウトを今さら紹介することもあるまい。マーケティング界において、プラクティカルの立場から、アカデミックの代表であるフィリップ・コトラーと並び称される二人である。彼らの古典的名著ともなった『ポジショニング』あるいは『マーケティング戦争』と聞けば、皆さんも一度は耳にしたことがあるのではないだろうか。彼らのマーケティング哲学はアメリカのみならず、世界中のマーケターに強い影響を与えている。訳者の私も彼らから強い影響を受けた一人である。

本書は、彼らの第三作目にあたる代表作〝Bottom-Up Marketing〟の邦訳版である。序章に述べられているように、第一作目の『ポジショニング』はコミュニケーションのテキストであり、第二作目の『マーケティング戦争』はマーケティングのテキストである。これら二冊は、我々にそれぞれの原理とコンセプトを教えてくれた。しかし、マーケティングは、原理やコンセプトだけが知識として頭に入っても、それを実戦で使えなければ意味がない。特に、著者二人はプラクティカルの代表である。学問の域を超え、実践してこそ、その原理やコンセプトは価値が出てくる。このような状況の中で書かれたのが、本書である。

したがって、『実戦ボトムアップ・マーケティング戦略』は原理やコンセプトを紹介したテキストとは異なる。前作の『ポジショニング』と『マーケティング戦争』を融合させて、どのように実戦でその原理やコンセプトを使っていけばよいのか、そのプロセスに重点を置いて手順を示した実用書である。

『ポジショニング』が戦術であり、『マーケティング戦争』が戦略であるとし、この戦術と戦略を「ボトムアップ」流で融合して、マーケティング実施計画に仕上げ、実践していく。

ボトムアップとは、もはや聞き慣れた、あるいは聞き飽きた表現かもしれない。多くの企業がボトムアップ流のやり方を実践していると述べている。では、ボトムアップ流のやり方とは何か、となるとそれぞれで異なってくる。つまり、定義がはっきりしていないのである。それ以前に、戦術と戦略の定義も人によってまちまちである。ビジネスの世界で頻繁に耳にするにもかかわらずである。

日本では多くの市場が成熟期あるいは衰退期に入っており、市場は拡大が見込めるどころか、縮小傾向にある。企業は互いにパイを食い合う超競争時代の真っただ中にいる。顧客のニーズを充足することを第一とする従来の顧客志向のマーケティングはもはや通用しない。今日のマーケティングとは戦いであり、競争優位性のない商品や企業は市場から姿を消す運命にある。

このような時だからこそ、もう一度マーケティングの原点に戻り、戦術とは何か、戦略とは何か、そして、戦術と戦略を融合して実践していくボトムアップ流とは何か、をじっくりと考えてほしい。いかに思い違いをしているかがわかるはずだ。

本書は書かれてから長い年月が経つ。しかし、著者が本書で指摘している内容は不変であり、むしろ、この指摘が無視、あるいは軽視されてきたことにより、その〝つけ〟が今やってきているように思える。

彼らのマーケティング哲学の原点は、第2章にあるように、自らが「現場に出向く」ことである。現場を大事にする傾向は昔も今も変わらないだろうか。おそらく、変わらないと皆言うだろう。しかし、自ら現場に出向いているかといえば、別問題である。今日では、IT技術の発達により、オフィスにいながら必要な現場の情報はデータとしてオンタイムに得られる。そして、詳しい売り上げの数字、顧客の声、クレーム情報など、現場を訪問するよりも手元の情報に目を通して分析する方に多くの時間が取られてしまう。

また、マーケティングがよりアカデミックとなり、データの分析に力点が置かれ、市場調査の結果が大きくものを言うようになった。市場調査の結果を伴わないプレゼンテーションなど聞いたことがないと言っていいくらいだ。

現場からの声を聞くのと自ら現場に出向くのでは全く違う。現場からの声を吸い上げ、それを経営に反映させるのがボトムアップ流の経営だと考えている経営トップがいる。これは大きな間違いである。いくら現場からの声を聞いても、自分の目で見て感じることから来るインスピレーションは得られない。

マーケティングの原点は、役職にかかわらず現場に出向き、現実を見据えることである。そこから、優れた戦術が生まれ、戦略へと転換できるのである。本書の構成もすべてここに焦点が合わされている。

二人の著者は今まで数多くの本を執筆し、そのほとんどが日本訳となって出版されている。彼らの本を読む上での難点をあげるとすると、日本人が知らない（しかしアメリカ人は極当たり前に知っている）事例が登場することである。私自身もこれには悩まされた。

この点に関して、拙著『競合と戦わずして勝つ戦略』（日本能率協会マネジメントセンター）を通して親交を深めたジャック・トラウト氏より、日本の読者により良く理解していただくため、日本の事例を入れてはどうかとの助言をいただき、任された。そこで、一五の事例を選び、それぞれを短くまとめた。彼らの本としては初めて日本の事例が本文中に入った翻訳書となった。これらの事例によって、著者の指摘をより深く理解していただければ、訳者として、また私自身マーケティングプロフェッショナルとして、これ以上の喜びはない。

私は一九八〇年代半ばのアメリカ留学中に彼らの本と出合い、マーケティングの世界に入った。彼らの本に惹きつけられ、まるで推理小説を読むように徹夜で読んだことを今でもはっきりと覚えている。彼らはいわば私にとってはマーケティングの神様的存在であり、雲の上の存在であった。機会があれば是非彼らの本を翻訳したいという大きな夢を長年持ち続け、今こうして彼らの代表作を訳し終えることができたことは、まさに感無量である。

日本語訳にあたり、いろいろと協力して頂いたジャック・トラウト氏の秘書であるアン・シェラー女史にまず感謝の意を表したい。また、日本能率協会マネジメントセンターの根本浩美事業部長には、たいへんな御骨折りをいただいた。改めてお礼申し上げる。

最後に、この翻訳に打ち込めたのも、妻・瑞穂のお陰である。心より感謝したい。

二〇一一年一一月

丸山謙治

■「日本における事例」参考資料

●日本における事例1　日清食品①
日清食品　ホームページ
●日本における事例2　本田技研工業
『得手に帆あげて』（本田宗一郎著、三笠書房、2000）
●日本における事例3　金魚すくい
日本経済新聞2011.7.17
●日本における事例4　アサヒビール
『念ずれば花ひらく』（樋口廣太郎著、金融財政事情研究会、1993）
●日本における事例5　日清食品②
日清食品　ホームページ
●日本における事例6　アサヒ飲料
日経産業新聞2002.10.3, 2003.5.1, 2003.5.8, 2003.8.6
読売新聞2003.5.9
●日本における事例7　KDDI、ソフトバンクモバイル
日本経済新聞2009.10.20, 2009.10.24, 2009.10.28
●日本における事例8　ドトールコーヒー
『ドトールコーヒー「勝つか死ぬか」の創業記』（鳥羽博道著、日経ビジネス人文庫、2008）
●日本における事例9　レナウンインクス
『図解　売れる!商品力』(日本博学倶楽部著、PHP研究所、2003)
●日本における事例10　ユニチャーム
『「売れすぎ御免！」ヒットの仕掛け人』（日経産業新聞編、日経ビジネス人文庫、2005）、ユニチャーム　ホームページ
●日本における事例11　キングジム
「日経トレンディ」2009年12月号、「日経コンピュータ」2009年6月号
●日本における事例12　サントリー①
日本経済新聞2011.8.14、「週刊東洋経済」2011.7.9号
●日本における事例13　ロッテ
『ロングセラー商品の舞台裏』（成美堂出版編集部、成美堂出版、2010）、ロッテ　ホームページ
●日本における事例14　文芸社
「日経トレンディ」2008年12月号、「広告月報」（朝日新聞社広告局、2008年11月号）
●日本における事例15　サントリー②
『なぜ、伊右衛門は売れたのか。』（峰如之介著、すばる舎、2006）
『ヒットの法則』（奥井真紀子/木全晃調著、日経ビジネス人文庫、2006）、サントリー　ホームページ

著者
アル・ライズ（Al Ries）
マーケティングコンサルティング会社ライズ＆ライズ社を娘とともに経営。
ジャック・トラウト（Jack Trout）
マーケティングコンサルティング会社トラウト＆パートナーズ社社長。

二人はかつてニューヨークにおいてトラウト＆ライズ社を共同経営。バーガーキング、チェースマンハッタン銀行、シティコープ、DEC、IBM、パラマウント映画といった有数の企業のマーケティングコンサルティングを行う。『ポジショニング戦略』『マーケティング戦争』『マーケティング22の法則』など多くのヒット＆ロングセラー書を執筆し、世界的なマーケターとして現在も活躍中。

訳者
丸山 謙治（Maruyama Kenji）
カリフォルニア大学バークレー校エクステンション認定マーケター。1957年東京都生まれ。慶応義塾大学経済学部卒業。米国デンバー大学経営大学院でマーケティングを学び、日米の企業において長年マーケティング戦略の立案に携わる。現在は実践的マーケティングの教育に努める。著者の一人であるジャック・トラウトと親交があり、氏の競争志向型マーケティングを日本にて提唱する第一人者の一人。
著書：『競合と戦わずして勝つ戦略』（日本能率協会マネジメントセンター）
E-mail: mkting@mx2.ttcn.ne.jp

実戦ボトムアップ・マーケティング戦略

2011年11月30日　初版第1刷発行

著　者——アル・ライズ／ジャック・トラウト
訳　者——丸山謙治　Japanese Text © 2011 Kenji Maruyama
発行者——長谷川隆
発行所——日本能率協会マネジメントセンター
〒105-8520 東京都港区東新橋1-9-2　汐留住友ビル24階
TEL 03(6253)8014(編集)／03(6253)8012(販売)
FAX 03(3572)3503(編集)／03(3572)3515(販売)
http://www.jmam.co.jp/

装丁————冨澤 崇（EBranch）
本文DTP——株式会社マッドハウス
印刷・製本———三松堂株式会社

ISBN 978-4-8207-1827-7　C2034
落丁・乱丁はおとりかえします。
PRINTED IN JAPAN